JN409493

노을을 잡다

노을을 잡다

이행희 수필집

수필과비평사

| 책을 엮으며

읽을 줄만 알았지 쓸 줄은 몰랐다.
글 쓰는 재능이 있으리라고는
언감생심 생각하지 못했다.

그동안 아이들을 키우는 것이
가장 소중한 의무였다.
아이들이 성장하여 사회에서
각자 제 몫을 하게 되자
뒤늦게 수필창작 수업을 듣기 시작했다.
시나브로
한 편씩 쓴 것이 쌓이다 보니 책을 엮게 되었다.
시의 창작지원금을 받게 되었으니
더욱 감사한 일이다.

독자가 나와 함께
두런두런 이야기하는 듯한 글이 되기를 지향했다.
글 속에서 편안하게 쉴 수 있기를
그리하여 세상으로 다시 나아가는 힘을 얻을 수 있다면
더 바랄 것이 없겠다.
단 한 명의 독자라도
내 글과 함께 휴식을 취할 수 있다면
내 책은 성공한 것이다.

천천히 그리고 찬찬히 계속 정진하겠다.

2016년 가을, 금목서 향기를 기다리며
이행희

| 목차 |

2부

3부

4부

1부

오랜만에 옛 친구 만나
쉬엄쉬엄 두런두런 이야기하듯
그렇게 편안하고 행복하게 긁적이고 싶다.

오월을 내려받다

자작자작 비가 온다. 침대에서 눈뜨기 전에 늘 들리는 소리들이 반음 낮게 나직이 흘러들어온다. 옆으로 한 바퀴 구르며 이불을 돌돌 말고 엎드린다. 그 자세로 잠시 뜸을 들이다 천천히 눈을 뜨고 몸을 일으킨다. 베란다로 나가 밤새 열려 있던 바깥 창문을 닫는다. 양쪽 끝은 열린 채 조금 남겨 두고, 닫혀 있던 거실 창문은 활짝 연다. 빗소리를 듣기 위해서다.

비 오는 날에는 모든 소리에 빗기가 묻어 있다. 이렇게 봄비가 오는 날은 우산을 받고 홀로 산책을 해도 좋다. 우산에 떨어지는 통랑한 빗방울 소리가 나뭇잎에 내리는 빗소리들과 함께 화음을 이룬다. 바람이 불면 잠시 박자가 흩어지기도 했다가 다시 제 박자를 찾는다. 집에서 듣는 빗소리는 더욱 포근하다. 멀리 자동차 타이어 소리도 나지막하게 깔리고, 옆 공사장 기계음도 한결 부드럽다. 세어지는 빗발이 후드득 창문에 부딪는 소리도, 다시 잦아들어 툭툭 창틀에 떨어지는 소리도 운치 있다.

향초에 불을 붙인다. 향도 습기를 머금어 낮게 퍼지며 더욱 은은하다. 바깥에 지천으로 핀 빨간 줄장미 향이 빗소리와 함께 들어오고 있어서일까. 달콤하고 향긋한 5월의 공기가 집안에 가득하다. 눈을 감는다. 타닥타닥 심지 타는 소리에 방안에도 보이지 않는 비가 내린다. 빗물이 방에 가득 고이고, 찰랑찰랑 따뜻한 물이 가득한 욕조에 몸을 담그고 있는 듯 편안해진다. 온몸이 한 군데도 빈틈없이 따스하고 안락하다.

때로 빗소리는 쉼의 소리다. 빨래도 청소도 미룬다. 사회에 크고 작은 사고들이 많아, 그날이 그날 같은 내 일상이 참 감사한 요즘이지만, 잠시 그 일상을 던져두기로 한다. 좀 더 풍족하게 소비하는 것이 직장을 가진 이의 여유라면, 잠시 게으름 피우는 것은 직장을 갖지 않은 이의 여유이리라.

당신 가슴에/ 빨간 장미가 만발한/ 5월을 드립니다
5월엔/ 당신에게 좋은 일들이 생길 겁니다/ 꼭 집어 말할 수는 없지만/ 왠지 모르게/ 좋은 느낌이 자꾸 듭니다

5월 1일 오광수 시인의 〈5월을 드립니다〉란 시가 배달되었다. 지인이 카톡으로 보내 주었다. 내려받으시겠습니까? 시인이 주는 빨간 장미와 5월, 그리고 좋은 일들이 생길 거라는 주문을 내려받았다. 가슴 가득 넘쳐흐르도록 내려받았다. 그래서일까 오늘 이렇게 좋은 5월의 비 오시는 아침을 맞았다.

죽은 줄 알았던 아마릴리스가 2년 만에 꽃을 피웠다. 2년 전 이맘때쯤 알뿌리를 구입했으나 집에 와서 살펴보니 심하게 썩어 있었다. 상당 부분을 도려내고 소독하여 심어놓았다. 꽃 볼 기대를 한다기보다는 할 수 있는 것은 다 해본다는 심정이었다. 때가 되면 물도 주었지만 양파같이 생긴 알뿌리는 계속 갈색으로 말라만 가는 듯했다. 그 상태로 2년이나 아무 소식이 없어 거의 포기 상태였다.

올겨울이 지났을 때였다. 가운데에서 혀 같은 것이 뾰족이 올라오더니, 기다란 두 잎이 양쪽으로 펼쳐졌다. 이어 옆구리에서 봉

긋한 꽃대가 올라오기 시작했다. 직경 3㎝의 두툼한 연둣빛 꽃대가 힘차게 밀고 올라왔다. 그 형태가 마치 고니가 날기 위해 목을 쭉 빼고 날개를 펴는 듯했다. 그러더니 마침내 백합을 닮은 짙은 진홍색 꽃이 며칠 전 도도하게 그 모습을 나타내었다. 작은 양파 속에 저렇게 곧고 긴 목이 숨어 있었다니. 갈색의 초라한 몸 안에 저런 진홍의 정열을 품고 있었다니. 기적이었다. 5월을 내려받은 덕분일까.

소파 곁에 있는 책 중에서 손에 잡히는 책자를 무심히 펼쳐본다. 한 구절이 눈에 들어온다. 보시에는 재물을 베푸는 재시財施, 불법을 알리는 법시法施, 상대방의 두려운 마음을 없애주는 무외시無畏施가 있는데, 그중에서 무외시가 제일 크다고 한다. 중생에게 두려움 없는 편안한 마음을 주는 무외시야말로 최상의 보시이고 가장 좋은 복을 짓는 일이라는 것이다.

비가, 향초가, 시가, 나에게 무외시를 베풀었다. 잠결에 들리던 빗소리가 내 마음을 편안하게 내려놓게 해 주더니, 향초는 내 혈관을 타고 온몸을 돌아 한없이 안락하게 해 주었다. 시는 이 모든 것을 받아들일 수 있도록 열려 있는 내 마음을 베풀어 주었다.

그러고 보면 시구 하나가 좋은 일이 가득한 5월을 나에게 선물해 주었다. 자작자작한 빗소리를, 향긋한 향이 가득한 하루를 선물해 주었다. 죽은 줄 알았던 아마릴리스를 살려 주었다. 이 외에도 좋은 일들이 일어났다. 도예가가 만든 멋진 화분 한 쌍이 생겼고, 우연히 접어든 골목에서 바람개비 닮은 하얀 꽃이 구름처럼 핀 오래된 백화등 덩굴을 만났다.

아마 이 시를 접하지 못했더라도 이 일들은 다 일어났을 것이다. 비는 내렸고 꽃은 피었을 것이다. 그러나 이 시가 없다면 제대로 보지 못했을 것이다. 보지 못했다면 아니 일어난 것과 다름이 없다. 시인의 정다운 마음이 5월을 따뜻하게 맞이할 수 있는 내 마음을 준비해 주었고, 그래서 더욱 좋은 5월을 맞이할 수 있었다. 얼굴도 모르는 한 시인이 그의 글로써 나에게 무외시의 자선을 베풀었다.

자그만 염원을 하나 세워 봐도 될까. 위 시인처럼 내 글도 읽는 이의 마음을 잠시 편안하게 내려놓을 수 있게 했으면 좋겠다. 내 글의 욕조에 따스한 물이 가득하여, 시린 마음을 포근하게 담글 수 있기를 기원해 본다. 나도 무외시를 베풀 수 있기를.

〈오월을 내려받다〉 영역판

May Downloaded

번역 김나영

It is raining outside. The familiar sounds I hear before opening my eyes in the morning come in one note lower than usual. Curled up in my bed, I lay on my side. After clinging on the bed like this for a while, I slowly wake up, opening my eyes. Then I walk out to the veranda to close the outer door, leaving each end of the doors slightly open, and open the inner door wide, to listen to the rain.

Even sounds possess humidity when it rains. It is good to take a walk alone with an umbrella on a rainy day like this. The tinkling sound of the rain dropping on my umbrella chords with the gentle strokes of it on the leaves. The rhythm scatters away with the wind, then comes back. The sound of the rain makes me feel more comfortable at home. Cars passing by in a distance sound even further in distance, and the clanging noise made by the machines in the factory softens up. Both the sounds, the sound of pouring shower hitting the window and the sound of shower lowering down to the intermittent drops here and there are charming.

I lit up my favorite scented candle. Even the aroma holds moist softly, spreading low. It might be the fully blooming roses in bunch everywhere outside coming in with the sound of the rain, the sweet aroma of May fills my home up. I close my eyes. With the low cracking sound of wooden candle wick burning, it begins to rain inside the room as well. The invisible rain fills up the room, and I become comfortable as if I am in the bathtub full of warm water. Every single part of my body feels warm and comfortable.

Sometimes, the sound of rain is sound of a break. I put the laundry and cleaning on halt. Although I feel grateful to live my everyday life without having big troubles like the ones in the news these days, I decide to put these daily chores aside for a while. If it is the luxury of life to be able to spend more money on what they want to buy for the people who have jobs, it is the luxury to be able to spend more time on doing nothing for the people who do not have ones.

> Into your two arms/ With full of red roses/ I present May to you
>
> In May/ Good things will happen to you/ although I cannot say exactly what/ Somehow/ I can feel it

On May 1st, I received 'I send May to you', a poem by poet, Oh Gwangsu. One of my acquaintances sent it to me through the messenger. Will you download? It asked. I clicked yes, and downloaded the red roses which the poet handed me, May, and the prophecy that good things will happen. They filled my heart up to overflow. Probably that is why I enjoyed today, a rainy morning in May this much.

Amaryllis, which I thought had died, bloomed for the first time in two years. I had bought the bulb this time of the year two years ago, only to find out that it was rotten inside. After cutting significant parts off and sterilizing it, I planted it. It was more like just doing everything I could do, rather than doing it hoping to see the flowers. I watered it regularly, but the onion like bulb only seemed to become smaller. It stayed that way for 2years, and I almost gave up.

Then it was at the end of this winter. A tongue shaped thing rose from the middle of the bulb, it spread two long leaves to the sides. Then came the flower bud from the side. The green 3cm-diameter bud arose vigorously. It looked like a swan, sticking its neck out to fly away. Finally a dark red flower which looked like a lily appeared proudly few days ago. I was amazed to see that such a long neck was hiding inside such a small onion. Such a dark red passion hidden in such a humble brown body. It was a miracle. It was maybe because of that 'May' I downloaded.

Without much thinking, I open a booklet among the books on the table in the living room. One phrase catches my eyes. In Dana*, which is the practice of giving in Buddhism, there are the offering of money, the offering of wisdom about Buddhism, and the offering of helping others to overcome their fear. Among them, helping others to get rid of their fear is considered to be the grandest gesture of those offerings. According to the book, this act of providing others with comfort and peaceful mind without fear, brings the best effect of purifying the mind of the giver at the same time brings the best karma back to the giver.

The rain, the scented candle, and the poem offered me

this peace of mind. The sound of the rain heard in sleep calmed me down, the aroma from the candle circled my whole body with my blood to make me feel comfortable from head to toe. The poem opened up my mind to be able to appreciate each and every one of those.

Come to think of it, one single verse from a poem presented me with May filled with good things. It offered me the calming sound of rain drops and a day full of aroma. It saved my Amaryllis which I thought had already died. Other good things happened as well. I got a pair of pottery pots made by an artist, and I encountered an old vine of white Asian Jasmine with a cloud of white flowers blooming in a lane I accidentally walked in.

Everything would have happened even if I had not read the poem. It would have rained and the flower would have bloomed. However, if it had not been for the poem, I would not have been able to notice them. If I hadn't noticed them it is the same as nothing had ever happened. The kind words of the poet prepared me to welcome May with open heart, therefore I could meet a better May this year. A poet whom I never met before offered me this peace of mind with his words.

If I could wish for something, like the poet, I want my writing would provide readers with comfort in their mind. I hope that my essay would be like a bath tub full of warm water so that anyone can dip in their tired and icy body of mind to warm it up. I hope I can offer that peace of mind, too.

*Dana: Dana is a Sanskrit and Pali word that connotes the virtue of generosity, charity or giving of alms in Indian philosophies. In Buddhism, it has the effect of purifying and transforming the mind of the giver

* 딸이 호주 친구에게 보여주고 싶다고 이 글을 영역해 주었습니다.

지금 내 소망

아침 6시 31분. 현재 내 소망은 노을을 보러 집 앞 700m를 걸어 나가는 것이다. 베란다 창 속에서 발갛게 해가 솟아오르고 있고 나는 그 해를 높은 아파트 사이 조각하늘에서가 아니라 바다 위 널따랗게 펼쳐진 하늘에서 보고 싶다.

달포 전이다. 체조를 하고 있었다. 왼발을 앞으로 내밀어 땅을 딛고 오른 다리를 힘차게 차올렸다. 순간 왼쪽 발목에 강한 통증이 오더니 그 길로 아직까지 낫지 않고 있다. 인대가 늘어났단다. 왜 이렇게 오래가느냐는 내 말에 의사는 몇 개월씩 아픈 사람도 있다며 한마디로 내 질문을 잠재웠다.

매 순간 발목을 의식하며 무릎을 구부려 살포시 발을 내디뎌야 한다. 무심히 발을 내디디면 시큰하고 아파 힘을 줄 수가 없다. 잠시 일하고 나면 앉아서 쉰다. 청소도 대충 하고, 음식도 간단하게 먹는다. 시원하고 개운하게 집안일 좀 할 수 있으면 좋겠다. 당연히 외출도 아낀다.

내 발목 통증에는 나름 역사가 있다. 수년 전 산에서 발목이 크게 접질렸고 그때부터 고생이 시작되었다. 처치를 제때 알맞게 해주지 못했던 듯하다. 제대로 다니질 못했고 주로 집 안에 있었다. 수술을 받고서야 회복되어 집 앞 이기대 바닷가랑 약수터도 가게 되었다. 점점 좋아져서 수년 만에 멀리 여행도 갔다 왔다. 그랬는데 그도 잠시, 다시 주저앉은 것이다.

아파트 앞마당 나무를 내려다본다. 나뭇잎이 흔들린다. 오 헨리의 〈마지막 잎새〉 때문일까. 나무에게 바람은 나쁜 존재라고 내게 각인되어 있었던 듯하다. 햇살과 고요히 노니는 나무를 건들어 훼방 놓고, 온 힘을 다해 키운 잎을 앗아가고, 가지를 부러뜨리기도 하는……. 왜 그렇게만 생각해 왔을까. 가만히 앉아, 움직이지 못하는 나무가 되어 본다. 먼저 다가와 주는 바람이 고맙다.

바람아,
니가 내 팔을 흔들어 주니
출렁이던 내 맘이 잠잠해져

서걱이는 내 이야기 들어주고
넘치는 내 시름은 가져가 주고

후후
거기 가렵던 겨드랑이까지 긁어주는구나

내일은 여행에 데려가 줄 거라고?
빨간 꼬까옷 입고 기다릴게
낼 봐

왜 이제껏 식물이 움직이지 못하는 것을 당연하게만 생각했을까. 아니, 움직이지 못하는 것을 식물이 당연하게 받아들이리라고 생각하고 있었을까. 내가 스스로에게 불만을 가질 때가 있는 것처럼, 식물도 한자리에 가만히 같은 자세로 서 있어야만 하는 것이 싫을 수도 있겠다. 왜 동물이란 족속은 마음대로 돌아다닐 수 있게 만들고, 난 하찮은 벌레가 다 뜯어 먹도록 꼼짝 못하고 당하게끔 이렇게 만들어 놓았냐고 하늘을 향해 푸념을 하고 있는지도 모를 일이다. 팔을 하늘로 치켜든 모습이 그렇게 보이기도 한다.

이현주 목사가 '물 위를 걷는 게 아니라 땅 위를 걷는' 게 기적이라는 사실을 깨닫고는 너무 좋아서 변기에 앉은 채 30분을 울었다더니, 정말 땅을 딛고 걷는 것은 기적이 맞는 것 같다. 내 두뇌의 명령이 신경세포를 통해 무사히 전달되면 수십 개 근육이 잘 연결되어 일사불란하게 움직여야 하고 여러 인대와 뼈가 굳건히 버텨주어야 한다. 아기가 첫 한 걸음을 떼기 위해 얼마나 많이 넘어지며, 얼마나 많은 연습과 격려가 필요하던가.

오로라를 보고 싶었다. 열심히 건강을 다져서 캐나다 오로라 빌리지를 가야지 하고 있었다. 이제 내 몸은 세월이 흘러 균열 간 집과 같아 계속 보수해 가며 써야 한다는 의사의 말을 떠올리면 이 소망은 소망이 아니라 욕심인 듯하다. 발목은 기둥 아래 부분이라 하중을 많이 받는데다, 자꾸 움직이므로 더욱 보수하기도 힘든 부분이니 균열이 더 커지지 않게 조심해야 한단다.

어느 시인이 읊었던가. 비가 오면 빗길을 걷고 눈이 오면 눈길을 걸으라고. 그래서 지금의 내 소망은 지구 북단 옐로나이프 언

땅에 누워 하늘 가득 펼쳐지는 초록빛 군무를 보는 것이 아니라, 우리 집 700m 앞 바닷가에서 이기대 하늘에 붉게 번지는 아침노을을 보는 것이다.

물 위가 아니라 땅 위를 걷는 것이 기적이라면, 오로라가 아니라 아침노을을 접견하는 것 또한 소망이 될 수 있는 자격이 충분하지 아니한가.

기한부 집순이

이마로 피가 쏠린다. 'think'라고 적힌 카페 간판이 눈에 띄는 순간이다. 그러지 않아도 잔챙이 같은 생각들로 머리가 어질한데 무슨 생각을 또 하라는 것일까. 아무것도 아닌 일에 안개처럼 꼬물거리는 짜증을 가라앉히며 유리문을 열고 들어섰다.

카페란 쉬는 곳이다. 채팅방에서 오가는 말처럼 생각도 가볍게 날아다니는 곳이다. '생각하라'는 간판을 붙이면 가게가 잘된다고 기대하는 걸까. 어이없는 꼬투리를 잡고 있는 걸 보면 나에게도 문제가 있는 듯하다.

내가 어딘가 평소와 다르다. 한 달 전부터 별것도 아닌 일을 두고 가족에게 목청을 올리기 시작했다. 그렇게 하지 않으면 속에서 무엇인가 부글부글 끓는 느낌이 들었다. 스스로를 다독이려 하지만 소용이 없다. 그럴 때마다 무더운 여름을 묵묵히 견뎌내는 베란다 화분들을 보며 겨우 진정하곤 했다.

나는 천상 집순이다. 여고 시절 '미래의 희망' 란에 주저 없이 현모양처라고 써 넣었다. 매끄럽게 말하면 현모양처, 살짝 틀어서 말하면 주변머리 없는 집순이다. 누가 뭐라는 사람이 없는데도 아침에 식구들이 나가고 나면 청소기부터 돌려야 마음이 편하다. 창문을 활짝 열고 화초에 듬뿍 물을 준다. 정성껏 만든 끼니 반찬을 맛있게 먹는 가족을 보면 흐뭇하기 이를 데 없다. 가끔 친구를 집에 초대하여 스파게티나 비빔국수를 만들어 먹으며 수다도 떤다. 인터넷을 하거나 TV를 보며 대부분의 시간을 집에서 소일한다. 한때 직장을 다녀 보았지만, 집에 있는 것이 좋아 토란만 한 핑계가 생기자 미련 없이 놓아 버렸다. 내가 생각해도 어쩔 수 없는 집순이 체질이다.

3주 전이었다. 알 수 없는 변화가 일어났다. 장을 보기 위해 운전을 하던 내가 다른 차에 너무 가까이 다가가자, 옆에 앉았던 딸이 불안하다고 한마디하였다. "시작부터 엄마한테 잔소리야." 나도 놀랄 정도로 고함이 나왔다. 그러고서는 딸을 내려놓고 혼자 다녀왔다. 그전 같으면 나중에라도 대화로 풀었을 텐데 그러지 않았다.

문제는 이것만이 아니었다. 빨랫감이 어지러워도 멀거니 쳐다만 보고 반찬 장만도 심드렁해졌다. 책도 손에 잡히지 않고 친구가 집에 찾아오는 것도 귀찮기만 했다. 가족처럼 보살피던 화초조차 눈에 들어오지 않았다. 온갖 정체 모를 잡념들이 수시로 자동 업데이트되어 내 자제력은 통제 불능이 되었다.

친구들이 모인 자리에서 내 이상심리를 털어놓았다. 자꾸만 신경질이 나는데 해결 방도를 알려달라고 하였다. 한 친구가 가을철 호르몬 변화로 인한 증세라고 말하자, 비슷한 증상을 치러낸 친구가 말을 이어받았다. 사람마다 풀어내어야 할 지랄의 총량이 있는데, 사춘기 때 다 쏟아버리면 괜찮지만, 제때 소모하지 못하면 나중에 폭발한다고 했다.

한숨만 나왔다. 내가 지랄총량법칙의 희생자가 되다니. 그렇다면 집순이인 나는 만만한 가족에게 울화를 퍼부을 수밖에 없는데 가족이 무슨 죄인가. 휴화산 같은 속가슴이 언제 터질지 불안하다고 했다. 그러자 성격이 무던한 친구가 집에서 난리를 부려도 집순이 엄마의 '갱년기 짜증'으로 이해할 거라며 괜찮다고 위로해주었다. 대체로 친구들은 내 변화를 갱년기 증상으로 진단하였다. 남아 있는 지랄에너지를 어떻게든 분출시켜야 한다고 이구동성으로 말했다. 마음 깊이 동조해주는 동병상련의 친구들에게 둘러싸여 있으니 그나마 위로가 되었다.

집에 돌아오니 은근히 화기가 되살아났다. 나름대로 지랄에너지를 소모하기 위해 매일이다시피 외출을 하기로 하였다. 연락이 뜸했던 친구를 만나고 가보지 않았던 곳에도 갔다. 노래교실에도 등록하여 다녔다. 2주가 지나도 여전히 진정되지 않았다. 더 강력한 무언가가 필요하다고 몸이 내 귀에 은밀히 호소하고 있었다.

평소 여행을 자주 하는 친구가 해외여행을 떠나 보라고 권하였다. 집순이답지 않게 귀가 솔깃했다. 이틀 후 덜컥 5박 6일 스위스 여행을 예약하였다. 예약만으로도 효험이 나타났다. 여행사 사이트에 뜬 현란한 일정을 보는 순간 두 눈이 반짝였다. 숨어 버렸던 생의 활기가 스멀스멀 돋아나기 시작하였다. 널려있던 빨랫감을 모아 세탁기를 돌렸다. 구석구석 청소기를 돌리고 미루었던 화초

분갈이를 해주었다. 지랄총량법칙에 맞서 이기는 특효약이 이것인가 보았다, 해외 탈출 휴가.

때로는 낯익은 것을 떼어낼 필요가 있나 보다. 곁에서 아옹다옹 지내는 가족일수록 때때로 간격을 두는 것이 필요한가 보다. 함께 탈출한 동병상련의 친구들과 여고 시절로 돌아가 깔깔거리며 만사를 잊었다. 집순이답지 않게 마음을 쏟던 가족에 대한 걱정이 5박 6일간 조금도 떠오르지 않았다. 온전한 나만의 시간을 가졌다. 나도 모르게 쌓여 있었던 지랄총량을 소모시킨 듯했다.

돌아오는 밤이었다. 공항 리무진이 집 근처 메가마트 앞에 나를 내려놓았다. 여행의 여운을 찬찬히 음미하고 싶어 집까지 걸어가기로 했다. 여행 가방을 끌며 걷는 길 왼편으로 있는 검은 바다에는 불빛 몇 개가 아스라이 얹혀 있었다. 가방의 바퀴가 보도블록에 부딪치는 소리가 그치지 않았다. 가방도 남은 지랄총량을 쏟아내는가 보다. 이윽고 오른쪽으로 커브를 돌자 낯익은 나무가 눈앞으로 다가왔다. 나는 다시 집순이로 돌아갈 마음의 준비를 하였다.

아파트 문을 연다. 멀리 있는 동안 약간은 걱정이 되었던 화분이 나를 반긴다. 기한부 집순이로 되돌아오는 순간이다. 일상을 떠나니 일상이 다시 내게로 돌아온다.

왜 쓰려 하는가?

'왜 쓰는가'란 제목의 박경리 씨 글을 읽는다. 소설을 왜 쓰는지에 관한 그의 치열한 고찰에 저절로 머리가 숙여진다. 동시에 "가까워지려고 글을 쓰나, 오히려 글로 말미암아 혼자인 것을 자각하는 절망의 길을 빠득빠득 걸어갈 수밖에 없다는 예감입니다."라는 작가의 고백에 숙연해진다. 이것이야말로 진정한 작가정신일 것이다.

그러면 나는 왜 수필창작반에 등록하여 글을 쓰려 하는가? '왜 쓰는가'란 박경리 씨의 제목을 차용하기에는 내 글쓰기의 경험이 지나치게 미천하고, "절망의 길을 빠득빠득 걸어갈" 생각은 더더구나 없다. 이제 아이들이 다 자라 사회에서 제 몫을 하는 나이가 되니 시간적 여유가 생겨, 무얼 해볼까 하고 이런저런 교육시간표를 훑어보다 고른 것이 이 수업이다. 평생 일기도 제대로 써 본 적 없고, 꼭 남기고 싶은 내용이 있다거나, 이것은 꼭 알려야겠다는 사명감이 있는 것도 아니다. 그러니 이 글의 제목으로는 '왜 쓰려 하는가'가 제격일 것 같다.

그러나 가야금, 수채화, 영어회화 등 그 많은 수업 중에 글쓰기반을 택한 것에는 이유가 있을 터이다. 현재로는 나에게도 막연하게만 생각되는 그 이유를 이 글을 쓰며 한번 생각해 보려 한다.

첫째, 내 생각의 단편들이 정리될 것 같아서이다. 잠깐 머리에 떠올랐다가 사라져버리는 수많은 먼지 같은 생각들, 좀 더 키우고 확장시키고 다른 단편들과 연결시켜 의미를 갖게 할 수 있지 않을까 한다. 지금 이 글을 쓰고 있는 이유도 바로 그것이다. 왜 글을 쓰려 하는지 지금 누가 물어본다면 나는 '그냥 한번 해 보고 싶었어요.' 하고 대답할 것만 같다. 너무 막연한 것이다. 깊이 생각해 보지 않았고 쓴다는 것의 의미를 탐구해 보지 않았기 때문이다.

그러나 이 글을 쓰려면 내 머릿속의 글쓰기에 관련된 모든 생각의 조각들을 다 뒤져서 끄집어내어야 하고 분류, 종합의 작업을 거쳐야 한다. 이 과정을 통해 나에게 있어서 글쓰기의 의미를 알아보고 싶다.

둘째는 말하기보다는 좀 더 안전한 표현방법이기 때문이다. 말과 글은 둘 다 자신의 표현도구인 언어란 점에서 동일하나, 말은 글이란 언어보다는 상당히 위험할 수 있다. 처해진 상황에서 즉각적으로 사용하고 반응해야 하는 말은 때로 의도하지 않은 방향으로 상대에게 받아들여지기 쉽다. 내가 표현을 제대로 못 하는 경우도 있고, 상대가 잘못 듣는 수도 있다. 그러나 글은 쓴 후 수정이 가능하다. 다시 읽어보고 잘못된 표현은 고치고, 옆 사람에게 한번 읽혀보고 조언도 얻을 수 있다. 좀 더 정확하게 전달할 수 있는 시간이 허용된다. 또 말은 뱉어진 순간 사라지지만 글은 남아있어서 보관도 됨에랴.

예전에는 그런 마음도 있었다. 이 세상에 이렇게 많은 책이 있는데, 이런 굉장한 작가가 있는데, 내가 써봐야 주변 오염시키는 쓰레기 하나 만드는 것밖에 더 되나, 이렇게 천부적 자질이 있는 사람이 써야지, 나 같은 사람까지 글이랍시고 써서 사람들 피곤하게 만들 필요 있나, 내 마음을 마치 스캐너로 읽기라도 한 듯 정교하게 잘 표현해 놓은 문장을 보면 '봐, 이미 이들이 이렇게 잘 써 놓은 것을. 더 이상 쓸 게 뭐가 있니? 이들이 다 썼는걸.'이라며 그냥 읽는 걸로 만족했다. 그러나 지금은 그냥 나라는 존재가 한번 써보고 싶다면 꼭 명품이 아니라도 한번 써보는 거지 뭐…… 싶다. 나라는 작은 존재도 분명한 한 존재임에랴. 내가 해 보고 싶고 내가 즐겁다면 한번 해 보는 거지. 세상에는 명품만 존재의미가 있는 것은 아니다. 명품 숍이 있고 동대문시장도 있고 시골 오일장도 있으니까. 오일장의 수더분한 상품도 찾아주는 소비자는 있고, 안 팔리면 집으로 도로 가져가 소중하게 쓰일 수도 있을 것이다.

누구나 그렇듯이, 이제껏 치열하게 살아왔다. 지금도 치열하고 앞으로도 치열하게 살 것이다. 이러한 삶 속에서 소중하게 찾은 쉼터 같은 곳이 글이었으면 한다. 오랜만에 옛 친구를 만나 따스한 커피 한 잔 앞에 놓고 쉬엄쉬엄 두런두런 이야기하듯 그렇게 편안하고 행복하게 긁적이고 싶다.

태양의 서커스

좋은 아침이네요.

화초에 물을 주고 있는데 귀뚜라미 소리가 들렸어요.

밖을 보니 곧 동이 틀 것 같았구요.

아침 6시더군요.

문득 마시던 커피를 바깥 벤치에서 마시고 싶어졌어요.

남은 커피를 텀블러에 옮겼어요.

옷을 갈아입고 운동화를 신었지요.

바다가 내려다보이는 곳에 자리를 잡고 앉았어요.
귀뚜라미 소리가 쏟아지는데
아침노을이 곱게 물들기 시작했어요.
끊임없이 몸을 움직이며 태양을 찬미하는
바다의 물결 위로 말이죠.
조금 후 환한 해가 바다 가운데에서 둥그렇게 밀고 올라왔어요.
수평선 쪽에 가득한 잿빛 구름에도 불구하고 말이에요.
점점 더 크게 주위로 번지던 붉은 덩어리가
구름 뒤에 숨더군요.

숨을 고르는지 잠시 잠잠했어요.
그러더니 구름 틈 사이로
선연한 홍시 색의 작은 세모, 네모를 만들더라구요.
홀짝홀짝 커피를 마시며 기다리니
세상에나,
점점 확장된 세모, 네모 사이로
선홍색 빛줄기들을 샤워하듯 내리뿜는 거예요.
한바탕 빛의 소나기였어요.

장관이었어요.

허공에서 벌어진 태양의 서커스였지요.

태양이 구름 뒤에서 숨을 고르듯

당신도 지금

잠깐 숨을 고르고 있는 거예요.

곧 화려한 당신의 무대를 펼칠 수 있을 거예요.

무리하지 말아요.

좋은 하루 되시길.

노을을 잡다

태양과의 경주가 시작되었다. 차창 밖 양쪽으로는 낮은 나무와 풀이 깔린 끝없는 초원이다. 사방은 어스레하고 가로등도 없는 도로를 따라 차는 더욱 속력을 낸다. 길바닥에 설치된 야광판에서 반사된 푸르스름한 빛만이 주변을 밝혀준다. 붉게 타오르던 노을은 검은 하늘에게 자리를 내어주며 점점 세력이 줄어든다. 압도적으로 펼쳐진 어둑시근한 하늘에는 잿빛 구름 덩이들이 짙게 둘러 있다. 세찬 겨울바람 속으로 달려가는 길 끝에 아기 포대기만 한 노을이 겨우 버티고 있을 뿐이다. 우리는 노을을 쫓는 중이다.

12사도에서 저녁노을을 맞이한 것이 10여 분 전이었다. 십이사도는 호주 남동부의 해안도로인 그레이트오션 로드 중 가장 유명한 전망 포인트로, 예수 그리스도의 열두 제자를 의인화한 바위들의 이름이다. 거센 바람과 파도에 오랜 세월 깎여 생긴 독특한 형태의 바위들이 바닷물 중간에 우뚝우뚝 서 있다. 높은 절벽을 이루는 해안선과 어우러져 만들어내는 풍경이 장관이다.

일몰 시각보다 일찍 도착한 우리는 주변을 한 바퀴 둘러보았다. 거센 해풍을 막아주는 섬 하나 없는지라 나무들은 모두 나지막하게 휘어져 자란다. 땅에 붙은 사초들이 곳곳에 무성했다. 들쑥날쑥한 해안 절벽 위 전망대에 섰다. 광활하게 펼쳐진 하늘과 대륙의 끝없는 해안선에 말을 잃었다. 열두 바위 중 한 바위가 침식에 부서져 내려 디딤돌처럼 낮아져 있었고, 그 주위로 잔해가 둘러 있었다. 이름만 12사도일 뿐, 이제는 11사도인 셈이었다.

이윽고 해가 지기 시작했다. 층층이 무늬 진 바위 절벽에 낙조가 비쳐 거대한 절벽이 온통 황금빛으로 빛났다. 어느 순간 나도 황금빛이었다. 클림트의 그림 속 금빛 여인이 되어버린 듯하였다. 바위 속 특정 성분으로 인해서 이런 빛이 난다고 했다. 이윽고 하늘과 바다가 함께 진홍빛으로 타올랐다. 남극에서 불어오는 차

가운 바람과 끊임없이 움직이는 물결에 노을빛이 섞여 하늘도 바다도 붉게 출렁였다. 절벽 위로 오색 무지개가 떴다. 그 장엄함에 어느 신전에도 발을 들이지 않는 내가 경건하게 기도를 드렸다.

어느덧 찬란하던 노을은 사라져가고 땅거미가 앉았다. 아쉬워하며 발을 떼지 못하는 우리를 서둘러 차에 태운 가이드는 어두운 초원을 질주하기 시작했다. 런던브리지 전망대로 다시 한 번 노을을 보러 간다고 했다. 본격적으로 태양과의 경주가 시작되었다. 액셀러레이터를 밟아대고 있는 그녀도 해를 따라잡을 수 없다는 것을 몰라서 그러는 것은 아니었다. 다만 조금이라도 따라잡아 보고 싶은 것이었다. 찰나에 현현했던 노을의 꽁지를 한 번 잡아 당겨 보고 싶은 것이었다.

여러 해 전 어느 날이었다. 저녁 준비를 하다 창을 보았다. 노을이 고왔다. 불현듯 바깥에서 너른 하늘에 펼쳐진 노을을 보고 싶었다. 채소 다듬던 손을 부리나케 씻고 쫓아 나가보니 씻은 듯이 사라지고 없었다. 아쉬워하며 터벅터벅 돌아온 기억이 있다.

태양과 한판 경주를 벌이리라고는 상상해 본 적이 없다. 그것도 지구 반대편의 가없는 초원에서. 심장이 쫄깃해졌다. 그 무모함이

짜릿했다. 판타지 소설 속 괴물을 쫓아가는 주인공이 된 것 같았다.

10분쯤 더 달렸을까. 드디어 런던브리지다. 컴컴한 하늘 한편에 노을이 남아 있었다. 내가 목에 두른 목도리만 한 노을이 더욱 짙은 홍색으로 수평선 위에 빛나고 있었다. 꽁지를 붙잡는 데 성공한 것이었다. 절벽 위에 서서 내려다본 해안선은 부드러우면서도 경이로웠다. 차디찬 바람을 맞으며 은은한 윤곽을 드러내는 대륙의 경계와 깊이를 알 수 없는 허공을 보았다.

나도 나의 노을이 질 즈음 노을 따라잡기 놀이를 한번 해볼거나. 저 나이에 무슨……. 하며 사람들이 어처구니없다는 듯 쳐다보는 일을 해보는 거지. 결과가 어떻게 나오든, 그 과정이 꽤나 즐겁지 않을까.

No. 536

립스틱을 새로 샀다. 고운 꽃분홍이다. 정성껏 두 입술에 바른다. 붉어진 입술을 입안으로 말아 넣고 양쪽으로 한껏 당겨서 요쪽 조쪽 골고루 문지른다. 한 송이 해당화가 함초롬히 피어난다.

어릴 적이었다. 인견 러닝셔츠에 고쟁이를 입은 채 책상다리를 하고서 화장하는 엄마를 옆에서 지켜보고 있었다. 고개를 치켜든 엄마는 오른손에 조그만 붓을 들고 눈을 손거울에 집중하고 있었다. 윗입술의 가운데에서 시작하는 손이 미세하게 떨린다. 인중 아래 뾰족한 부분에서는 약간 아래쪽으로 내려서 그린 후 조심조심 입가 끝까지 선을 그린다. 선명한 자주색 선이 윗입술의 높이를 살짝 낮추어 완만한 곡선을 그린다. 남은 반쪽도 대칭되게 마저 그린다. 아랫입술은 원래 선보다 살짝 밑으로 그려준다. 붓을 놓더니 립스틱을 입술에 대고 문질러 선 안을 메운다. 두 입술을 맞비빈 뒤 휴지를 물고 살짝 누른다. 하얀 휴지 위에 자줏빛 모란꽃 한 송이가 선연하게 피어났다.

붓이 그리는 짙은 선을 보며 어린 마음에 왜 입술 모양을 그대로 그리지 않고 다르게 그리나 궁금했었다. 엄마가 손을 떼자 금방 그 비밀이 풀렸다. 약간 두툼한 윗입술은 굴곡이 부드러워졌고, 면적이 늘어난 아랫입술은 볼록하게 도톰해져서 전체가 우아하고 매혹적으로 변했다. 목청이 크고 장부 같던 엄마가 입술만 그리면 요염한 여인이 되었다. 손가락만 한 립스틱이 마술을 부려 엄마를 여자로 만들었다.

나는 별로 화장을 즐기지 않는다. 화장을 제대로 하려면 공이 많이 든다. 파운데이션을 먼저 펴 바르고 눈썹을 그리고 속눈썹에 아이라인을 그린 후……. 생각만 해도 힘이 든다. 외출이 피곤해진다. 나의 화장은 손으로 머리 몇 번 쓱쓱 긁어내려 주고 립스틱을 바르면 끝이다.

처음 립스틱을 바르기 시작했을 때였다. 빛깔 고운 연분홍 립스틱을 발라 보았다. 검은 편인 민얼굴에 분홍 립스틱은 따로 놀았다. 상큼하게 예쁜 진분홍 립스틱을 시도해 보았다. 어색하고 촌스러워 보였다. 고운 색들은 내 피부와 어울리지 않았다. 무난한 갈색을 시도해 보았다. 잘 어울렸다. 밑화장 없이 입술만 바르기에는 갈색만 한 것이 없었다. 나의 갈색 입술시대가 열렸다.

결혼을 하고 아이들이 커갔다. 세월과 함께 얼굴색이 점점 칙칙해져 갔다. 주위에서 좀 더 예쁜 색을 바르라는 권고가 들어오기 시작했다. 파운데이션도 안 바르면서 갈색을 바르니 아파 보인단다. 혈색 나쁜 얼굴을 대하면 보는 사람도 아파지는 것 같으니, 만나는 사람을 배려해서 붉은 기가 도는 색을 바르란다. 짙은 와인색을 택했다. 검은 편인 내 얼굴에 생기를 주었다. 민낯에 와인색 립스틱만 바르면 내 화장은 완성되었다. 예의를 차려야 하는 모임에는 기초화장을 하고 입술에 와인색을 발랐다. 바야흐로 와인색 입술시대가 도래하였다.

얼마 전 모임에 갔다. 급해서 파운데이션만 바르고는 입술을 칠하지 못하고 갔다. 선배 언니의 립스틱을 빌렸다. 고운 꽃분홍이었다. 나는 이런 고운 색 안 맞는데 하면서도 어쩔 수 없이 발랐다. 거울에 비추어 보니, 어라, 생각보다 괜찮다. 기초화장이 칙칙한 피부를 정리해 주어 그런 모양이었다. 립스틱 제조회사와 넘버를 적었다. 그것을 계기로 구입한 것이 이것이다.

No. 536.

예전 같았으면 사지 않았다. 기초화장 없이는 어울리지 않는 색이기 때문이다. 파운데이션은 펴 바르는 것도 골고루 잘 펴 발라야 하지만, 더 곤란한 것이 유지 보수였다. 가려워 긁거나 슬쩍 스치기라도 하면 그 부분만 민 피부가 드러나서 덧발라야 한다. 턱 부분에 바른 파운데이션은 옷깃에 묻기 일쑤였다. 묻히지 않으려고 은근히 신경을 써야 한다. 어쩌다 턱 아래까지 공들여 화장한 날은 살짝 턱을 쳐들고 있기도 한다. 본의 아니게 도도해지는 날이다. 이런 불편함 때문에 꼭 필요할 때가 아니면 민얼굴로 다녔으므로 살까 말까 잠시 망설였다. 그러나 봄인 걸. 까짓 파운데이션, 발라주지 뭐. 천지에 와르르 벚꽃 구름이 피어나고 어디서나 산들바람 스치는 봄날인 걸.

나에게는 립스틱이 3개가 있다. 언제 샀는지 기억도 나지 않는 갈색이 하나. 오래된 만큼 둥글고 길쭉한 기본 케이스에 들어있다. 발라본 지도 오래되었다. 혹시 한 번쯤 바르려나 싶어 아직

보관하고 있다. 상했을지도 모르니 버리는 것이 나을 듯하다. 다른 하나는 작년에 친구가 선물해 준 것이다. 네모난 검은 케이스의 와인색 립스틱으로 요즘 늘 바르고 다닌다. 평소에는 손가락 끝으로 연하게 찍어 발라 혈색만 더한다. 신경써야 하는 날이면 어릴 적 엄마가 하던 대로 공들여 바른다.

마지막이 이번 봄에 새로 구입한 분홍 립스틱이다. 검지 길이에 시크한 네모 기둥 모양이다. 한쪽 끝을 잡아당기면 둥그런 은빛 기둥이 나온다. 손으로 기둥 아랫부분을 잡아 고정하고 엄지와 검지로 윗부분을 돌린다. 은빛 기둥 위에 찬란한 분홍 꽃봉오리가 열린다.

나에게 올봄은 No. 536으로 왔다. 길가에 피어나는 붉은 줄장미를 설렘으로 맞는다. 주름진 내 입술도 햇살 머금은 꽃잎으로 변신한다. 떨어지지도 마르지도 않는 꽃, 마음만 먹으면 언제나 피어나는 꽃잎이다.

나의 입술은 갈색 시대에서 와인색 시대를 거쳐 분홍 시대로 넘어왔다.

세 중년 여인의 만행

의사는 단호하게 처방을 거절하였다. 이유도 밝히지 않고 무조건 안 된다며 보건소에 가서 알아보란다. 약국에 들러 물어보았다.

"여차여차한 일이 있었는데……. 왜 안 될까요? 친구는 내과에서 받았다던데요."

"그 약은 혈관을 확장시키는 작용을 하는 건데, 안 좋게 쓰일 수 있기 때문에 처방하지 않는 의사분도 계십니다."

"혹시 향정신성의약품의 일종인가요?"

"더 이상은 말씀드리기 곤란하구요. 보건소에 한번 알아보세요."

보건소에 전화하였다. 역시 처방을 안 한다는 대답이 돌아왔다. 갈수록 오리무중이었다.

친구 셋이 모여 스위스 여행을 가기로 했다. 여행사 직원이 융프라우에 갈 때를 대비해 고산병 약을 지참하는 것이 좋다고 했다. 빈혈이 있는 사람은 꼭 준비해야 한다고 강조했다. 친구가 엄살 같은 걱정을 보태었다. 맞아. 전에 윈난 성 갔을 때에 가슴이 쥐어짜는 것 같고 머리가 터질 것처럼 아팠어. 내과에 가서 CRS 하나 달라고 그래. 그거 먹으니까 괜찮더라.

그런데 병원도 보건소도 해결 못 하는 난감한 상황이 벌어진 것이다. 히말라야 등정을 하는 산악인들은 이 약을 어디서 구하는 걸까. 화가 났다. 일부 안 좋게 쓰일 수 있다고 치더라도 꼭 필요한 사람조차 구할 수 없게 만들다니. 고산 여행을 한다는 증명서류를 첨부하면 처방을 해 준다든지 하는 제도적 장치라도 있어야 하잖아.

친구에게 카톡을 넣었다. 저녁에 전화가 왔다. 고산병 약은 야

밤을 위하여 남자들이 찾는 비아××와 시알××라는 것이었다. 자기네 둘이 알아서 내 것도 준비해 갈 테니 걱정 말라고 하였다. 아하, CRS가 아니라 시알××이었구나. 나는 현대판 사랑의 묘약인 '비아××'의 이름은 알아도 그 후에 개발된 '시알××'는 몰랐던 것이다. 의사 앞에서 당당하게 비아××를 요구한 셈이었다. 상당히 민망해졌다. 그러나 모르고 한 일이니 뭐 어떡하겠어. 중년 여인의 뻔뻔함으로 능쳤다.

호기심이 생겨 '비아××+고산병'으로 검색을 해보았다. 비아××는 특유의 혈관 확장작용으로 산소 공급을 원활히 할 수 있기 때문에 고산병 예방약으로 쓰인다고 하였다. 꽃을 가꾸는 사람들도 사용하며 아주 소량으로도 꽃을 싱싱하게 해주는 효과가 있다고 했다. 물관을 넓혀주기 때문이다. 그러나 사람의 경우 지나치면 심각한 부작용이 있을 수 있기 때문에 의사의 처방 하에 판매된다. 이 약품에 대한 내 인식이 달라졌다. 잘만 쓰면 사람도 식물도 싱싱하게 해주는 거구나. 사랑의 묘약이 바로 신비의 묘약이구나.

유럽의 정상이라는 융프라우에 오르는 날이다. 약을 복용하기로 한다. 두 친구가 비秘약을 준비해 왔다. 시알××를 가져온 친구는 용량이 적어 혼자 한 알을 먹고, 비아××를 가져온 친구는 용량이 커 조금씩 떼어 나와 나눠 먹기로 미리 이야기가 되어있다.

"나는 먼저 먹었어. 한 귀퉁이 조금 떼어서 먹었는데 얼굴이랑 목이 이렇게 빨개지네. 입술도 부풀었어. 안젤리나 졸리 같지 않아? 립스틱이 곱빼기로 들던데."

발간 뺨을 손으로 어루만지며 윤기 나는 도톰한 입술을 쑥 내민다. 나더러는 조금 적게 복용하는 게 낫겠다며 손가락 끝에 붙은 눈곱만 한 사이즈의 파란 조각을 준다. 시알녀는 자기도 비아녀랑 같이 아까 복용했는데 그런 증상이 전혀 없다고 한다. 용량이 알맞았나 보았다.

두근두근. 역사적 순간이다. 먹어 보리라고 생각조차 못 했던 묘약. 내 평생 처음, 어쩌면 마지막 기회일지도 모른다. 나도 얼굴이 빨개질까, 입술이 부풀까, 혹 다른 증상이 나타나는 건 아닐까? 꼴딱.

높은 산의 지하로 뚫린 터널을 통해 계속 달리던 기차가 어두운 지하정거장에서 멈추었다. 내리기 전 가이드가 저산소증을 예방하기 위해 천천히 걸으라고 주의를 주었다.

전망대로 나갔다. 눈으로 덮인 하얀 알프스가 맞이했다. 눈이 부시는 것 외에는 아무런 증상이 없었다. 고산병 증세로 숨이 가쁘거나 머리가 아프지도 않았다. 비아녀처럼 약으로 인해 안젤리나 졸리가 되지도 않았다. 허무할 정도로 아무런 느낌이 없었다. 설산 풍경도 TV 다큐에서 본 것과 다름이 없었다. 그녀도 얼굴이 가라앉아 붉은 기운이 사라졌다. 우리 셋은 모두 최상의 상태였다. 우리가 나가니 오락가락하던 비가 멈추고 구름도 자리를 비켜주었다. 파란 하늘을 배경으로 알프스를 대표하는 하얀 봉우리들이 우람한 근육질 몸통을 드러내었다. 달라진 것은 알프스를 더듬는 내 시선뿐이었다.

그냥 내려갈 수 없다는 묘한 충동이 스멀스멀 올라왔다. 묘약의 힘으로 파닥이게 된 심장이 부추긴 것인지도 모르겠다. 단체로 팔짝 뛰어오르며 공중에 뜬 순간을 찍는 고난도의 사진에 도전해보기로 했다. 해발 3천이 넘는 미끄러운 눈밭에서 이런 사진을 시도하는 사람은 아무도 없었다. 젊은이들도 살금살금 움직이고 있었다.

"하나, 둘, 셋!"과 동시에 온 힘을 다해 하늘로 팔짝 뛰었다. 셋다 공중에 머무는 순간을 포착하는 것이 쉽지 않아 다섯 번이나 뛰었지만 만족할 만한 컷이 나오지 않았다. 더 이상 법석을 피우면 알프스 신이 노할 것 같았다. 뛰는 것을 멈추었다. 본전치기를 했다는 사실만으로도 우리는 충분히 즐거웠다.

중년의 세 여인이 묘약의 힘에 기대어 만행을 저지른 하루였다.

2부

삶의 구름은 잘못 건드리면 더욱 커진다.
잘 다독여 내 하늘을 구름으로 꽉 채우지 않도록 조심할 일이다.
아름다운 몇 점의 구름으로 만들 일이다.

구름이 있어 노을이 아름답다

"이 드넓은 숲 속 어딘가에 수정으로 된 작고 동그란 연못이 있대요. 수면은 마치 거울처럼 매끈매끈하고요. 그리고 거기에 늘 저녁노을이 비친다는 거예요. 아침에도 낮에도 밤에도 늘 저녁노을이죠."

"그리고 그건 아주 위험하겠지?"

"네. 그 광경을 본 사람들은 모두 거기로 뛰어들고 싶어진대요. 아무튼 정말 너무나도 아름다운 저녁노을이거든요. 그리고 한 번 뛰어든 사람은 영원히 그 저녁노을의 세계 속을 헤매다니게 되죠."

무라카미 하루키가 쓴 〈코끼리 공장의 해피엔드〉에 나오는 내용이다. 노을에 대해 읽은 글 중에서 가장 내 마음에 든다. 나는 아무 이유 없이 저녁노을에 마음을 뺏긴다. 그냥 풍덩 빠질 뿐이다.

베트남 여행 중이었다. 하롱베이를 보기로 했다. 여행 책자에 당일 투어와 일박이일 투어의 두 상품이 소개되어 있었다. 지은이는 선상에서의 저녁노을을 보아야 한다며 일박 상품을 강추했다. 나는 노을에 물든 하롱베이의 절경을 꼭 보고 싶었다. 서슴없이 일박을 선택했다.

수천 개의 작은 섬이 보석처럼 흩뿌려져 있는 바다 사이로 유람선이 누비고 다녔다. 석회암으로 이루어진 섬들의 유려한 곡선이 아름다웠다. 평화로웠다. 해 질 녘이 되었다. 섬들이 둘러싸 아늑한 바다 한가운데에 배가 정박했다. 작은 섬들이 멀리 가까이 그리고 선명하게 흐리게 첩첩이 포개어져 있었다. 그 자리에서 밤을 지낸다고 했다.

갑판 한가운데에 의자를 갖다 놓고 서쪽을 향해 앉았다. 갑판에는 나 혼자뿐이었다. 그 배에는 십여 명의 사람이 있었지만 아무도 노을에 관심이 없나 보았다. 해가 지기를 기다렸다. 아스라이 포개어진 섬들 위로 붉게 타오를 노을을 기다렸다. 이국의 바다 위에서 홀로 하염없이 기다렸다.

구름 하나 없이 희부옇던 하늘은 시간이 흘러도 변화가 없었다. 한참이 지나자 약간의 불그레한 빛이 서쪽 하늘 표면에 떠올랐다. 그뿐이었다. 미지근한 맹물처럼 밍밍하기 짝이 없었다. 이대로 끝날 리가 없어. 어떤 변화를 기대하며 더 앉아 있었다. 그러나 붉은 기운이 가시면서 그대로 땅거미가 앉기 시작했다. 자리를 털고 일어날 수밖에 없었다.

나중에 선원에게 들었다. 겨울에는 거의 노을이 생기지 않는다고 했다. 더운 날씨였지만 그즈음은 베트남에서는 겨울이었다. 그 사건 이후로 가끔 저녁 하늘을 살펴보게 되었다. 그 결과 주로 맑은 봄가을의 노을이 아름답다는 것을 알게 되었다. 또 구름이 하나도 없는 너무 청명한 날보다는 구름이 조금 있는 날의 노을이 아름답다는 것을 알게 되었다. 넘어가는 햇살이 구름에 부딪혀 산란하며 더욱 아름다운 빛과 모양을 만드나 보다.

그래서 아름다운 노을의 전제 조건은 알맞은 양의 구름이다. 너무 구름이 많으면 빛을 막아버려 노을이 생기지 않는다. 구름이 없어도 밋밋하다. 구름의 양과 여러 기후조건에 따라 짙은 선홍색을 띠기도 하고 옅은 분홍색이 되기도 한다. 때로는 헤르만 헤세가 읊었듯이 골육상잔을 하는 것 같은 핏빛 하늘도 된다. 새털구름이나 양떼구름 등 구름의 모양에 따라 좀 더 극적이고 화려한 노을이 생기기도 하고 사랑스럽고 고운 노을이 되기도 한다.

더러 하늘을 보며 오늘 저녁노을이 좋겠구나, 혹은 시원찮겠군, 하며 점을 친다. 바닷가에 사는 나는 5분만 걸어나가면 가슴이 툭 트이는 널따란 하늘과 출렁이는 파도를 볼 수 있다. 멋진 구름이 하늘을 가로질러 시원하게 뻗은 날은 일몰 시각을 확인하고 미리 자리 잡고 앉아서 노을을 기다리기도 한다.

지는 해는 멀리 하늘과 바다, 고요하게 앉아 있는 내 마음까지 붉게 물들인다. 너무도 고운 노을에 한숨 쉬며 찬탄하거나 핏빛 노을에 진저리치다 보면 서서히 땅거미가 앉는다. 어둠이 물들며 지상의 별들이 하나둘 눈을 뜬다. 가로등에 불이 들어오고 한 집 두 집 등을 밝힌다. 마음이 포근하고 고요해진다.

노을을 보려면 이렇게 해지는 시각을 기다려야 한다. 그러나 어린 왕자가 사는 작은 별에서는 얘기가 달라진다. 기다릴 필요

없이 의자를 서너 발짝만 움직이면 다시 노을이다. 그래서 원하면 언제든지 석양을 볼 수 있다. 어린 왕자는 몹시 슬펐던 날 마흔네 번이나 석양을 보았다고 고백하기도 했다.

정호승 시인의 강의를 들은 적이 있다. 동안의 시인이 걸어 들어와 서두를 떼었다. 흔히 말하는 구름 한 점 없이 맑은 가을날이네요. 그런데 저는 구름 한 점 없는 하늘은 심심해요. 구름이 좀 있어야 볼 것도 있고 재미있잖아요.

시인의 말은 삶의 하늘에도 구름이 있어야 한다는 것을 함축하고 있다. 아무런 장애물 없이 매끈한 삶보다 산도 넘고 계곡도 건너는 삶이 더욱 의미 있다는 그런 말을 하고 싶지 않을까. 이런 저런 생의 질곡을 겪으며 깊은 성찰을 해온 이의 입에서만이 나올 수 있는 말이었다.

나의 노을은 어떤 노을이 될 것인가. 내 삶의 노을은 밋밋하게 불그레할까? 진저리쳐지는 핏빛일까? 고운 분홍일까. 멋진 구름 서너 점 떠 있으면 더욱 좋을 텐데. 삶의 구름은 잘못 건드리면 더욱 커진다. 잘 다독여 내 하늘을 구름으로 꽉 채우지 않도록 조심할 일이다. 아름다운 몇 점의 구름으로 만들 일이다. 그다음은 주어진 기후조건에 맡겨야겠지.

바람

잠시 바람 쐬러 나온 길이다. 술렁이는 나무와 깨방정을 떠는 풀 사이로 산책을 한다. 집에서 듣던 바람 소리가 제법 크다 했더니, 밖에서 맞는 아파트 골바람이 꽤나 거세다.

바람을 쐰다는 것은 내 둥지에서 나와 외부와 접촉하는 것이다. 풀, 하늘, 사람들 사이로 나아가는 일이다. 집 주위 산책로를 한 바퀴 휘이 두르는 동안 바람이 내 몸을 관통하며 가슴이 트이고 눈이 맑아진다. 바람에 나를 노출하기만 해도 새로운 생명력을 부여받는다. 시원하다. 그래서 바람은 생명이다.

바람이 없는 날은 숨이 막힌다. 모든 것이 미동도 않는 여름날은 숨쉬기가 힘들다. 약간의 움직임과 변화가 사람을 숨 쉬게 하는 것이다. 바람은 움직임이다. 그 자체로는 움직일 수 없는 것들을 바람이 움직이게 도와준다. 나뭇잎을 움직이게 하고, 꽃가루를 날게 하여 씨앗을 맺게 해 준다. 생명을 창출한다. 민들레 깃털을 옮겨 가 세력을 확장해 준다.

눈이나 비는 형체가 있으나 바람은 형체가 없다. 스쳐 가는 다른 형체들이 바람의 존재를 보여준다. 그래서 주로 그림에서 바람을 나타낼 때 비스듬히 기운 나무 혹은 나부끼는 스카프로 그 존재를 나타낸다. 보이지도 않으면서 큰 영향을 끼치는 존재라 더욱 신비한 것이 바람이다. 볼 수도 없는 것이 한 마을을 초토화시키기도 하고 봄날 꽃무늬 플레어스커트를 얄궂게 제쳐 지나가는 남정네들 마음을 설레게도 한다. 그래서 바람은 신이면서 악동이기도 하다.

사람은 바람을 쐬고 살아야 한다. 그러나 바람이 나는 것은 곤란하다. 바람이란 본시 밖에서 생겨 밖에서 스쳐 지나가는 것이다. 그런데 바람이 난다는 것은 속에서 바람이 생성된다는 뜻이며 속을 몽땅 흔들어 뒤집어 버리는 테러를 범하게 된다. 그래서 비정상적인 무언가 위험한 일이 생길 수 있다. 알맞은 열기는 따뜻하게 하여 생명을 유지해 주나, 지나친 열기는 태워 버리는 것처럼.

바람이 드는 것도 곤란하다. 무에 바람이 들면 이미 시들어 맛이 갔다는 것이다. 무릎에 바람이 들면 노쇠하여 스러질 날이 얼마 안 남았다는 뜻이며, 누군가 허파에 바람이 들면 주위 사람들조차 주체할 수 없이 피곤해진다.

바람이란 신의 섭리다. 세상만물은 쉬지 않고 움직이고 변한다는. 더러 시간이 흘러도 겉보기에 꼭 같아 보이는 것이 있다. 그러나 그 속에서는 쉬지 않고 변화를 준비하고 있다. 편안하고 행복할 때 행복이 언제나 지속되었으면 하지만 그건 사람의 바람일 뿐. 행복 다음에는 불행이 예비되어 있으며, 불행할 때 세상이 끝날 것 같지만 세월과 함께 전혀 예상치 못한 행복이 오기도 한다.

다음은 예전에 내가 바람에 대해 썼던 글의 일부이다.

'푸성귀, 풀잎, 파랑……. 이런 낱말들을 사랑한다. 입을 열어 소리를 내어 보면, 입술이 살짝 터지며 싱싱한 소리가 튀어나온다. 가슴에 갇혀 있던 어떤 것들이 자유롭게 뛰쳐나오는 느낌이 다. 휘파람, 마파람……. 혼자서 소리 내어 보다가는, 아! '바람'보다는 '파람'이었으면 좋겠다는 생각을 한다.'

그러나 지금 생각해 보니 역시 '바람'이 맞는 것 같다. '파람'은 싱싱하고 산뜻하나 조금은 가볍게 느껴져서이다. 신의 섭리를 함축한 바람이라면 역시 경박한 '파람'보다는 좀 더 우아하고 무게가 느껴지는 '바람'이어야 할 것 같다.

바람 안에서 살다가 바람 안에서 가는 것이 사람이며, 또한 바람 따라 왔다가 바람 따라 가는 것이 사람이다. 어느 날, 내가 스러지면 화장하여 경치 좋은 곳에 뿌려주면 좋겠다. 풀밭에 쉬며 꽃이랑 고라니랑 – 아니 쥐나 벼룩인들 어떠하랴 – 동무하다가 오늘처럼 바람이 거센 날 바람 타고 날고 싶다.

숫자와 언어

나는 숫자에 약하다. 내 나이는 물론 내가 낳은 아들딸 나이도 외우지 못한다. 누가 물을 때마다 출생연도를 기억해 내어 현재 연도에서 뺄셈을 한다. 대답하기 위해 걸리는 시간도 한참이다. 물건 가격도 금방 잊어버린다. 얼마 줬냐고 누가 물으면 머리가 띵해진다. 예전에 내가 입고 있던 옷값을 친구가 물었는데 잊어버렸다고 했더니 상당히 기분 나쁜 표정을 지은 적이 있다. 솔직하게 말한 것뿐인데 잘사니까 속 편한 소릴 하는구나 하는 듯한 표정이었다. 지금은 같은 대답을 해도 그 친구는 오해하지 않는다.

원하는 것을 척척 살 만큼 여유가 있지도 않고, 저나 나나 숫자에 무딘 나이가 됐음을 인정하기 때문이다.

수학을 못했다. 중학수학은 어느 정도 따라갔지만 고등학교 수학은 힘들었다. 이현주 작가 글에 이런 내용이 있다. 수학 공식을 열심히 외운 다음 날 아침에 일어나면 밤새 공식들이 서로 결혼을 해서 자식들을 생산해 있다는 것이었다. 얼마나 신이 나서 공감을 했는지 모른다. 수학공식을 읽고 외울 때는 다 아는 듯하다. 그런데 막상 다음 수업 시간에 문제를 풀려고 보면 모든 공식이 범벅이 되어 생각이 나지 않는다.

숫자에 약하면 살아가는 데 불편이 많다. 여러 번 놀러 간 친구 집 동 호수를 갈 때마다 몰라서 매번 전화해서 물어본다. 그것도 미리 전화해 물어보고 가면 될 텐데 꼭 집 가까이 가서야 동 호수를 모르고 있다는 사실을 깨닫는다. 겨우 외울 만하면 새집으로 이사를 하니 애당초 외는 건 틀린 일이다. 나름의 새로운 기법을 도입했다. 핸드폰 주소록에 입력할 때 이름 뒤에 동 호수를 이어서 적어놓는다. 필요할 때에 이름 세 글자의 앞 자음을 입력하면 동 호수가 이름과 함께 뜬다. 너무나 편리해서 스스로 대견해하고 있다.

결혼 초기에 가계부를 적으려 해본 적이 있다. 가로줄과 세로줄의 계산 결과가 같아야 하는데 아무리 다시 해봐도 다르다. 열흘 정도 하다가 슬그머니 놓아 버렸다. 연초마다 몇 번 더 시도해 보았지만 번번이 실패했다. 그래서 가계부를 한번도 제대로 작성해 본 적이 없다. 목돈 나간 것만 적어 놓고 월말에 대충 맞춰 본다. 수학도 아닌 산수인데도 왜 그렇게 어려운지. 숫자만 대하면 머리에 쥐가 내리니 재테크는 꿈도 꾸지 않는다. 그래도 남에게 아쉬운 소리 안 하고 사는 것이 어디냐며 마음 편히 지낸다.

이렇게 나름의 해결책을 찾기도 하고 스스로 자위하기도 하며 그럭저럭 산다. 하지만 더러 심각하게 한심할 때가 있다. '아, 나는 왜 이럴까.' 싶을 때가 있는 것이다.

잠시 학습지 교사를 한 적이 있다. 전업주부로 지내다 남편 사업이 기울어 느지막이 시작한 직업이었다. 저녁마다 하루 회계를 하였다. 세로와 가로의 계산이 맞을 리 없었다. 나이 많은 신참이라 스트레스가 많았는데, 단순계산까지 맞지 않으니 계산 빠른 동료들 사이에서 죽을 맛이었다.

언어영역에서는 평균 이상의 점수를 받았다. 국어는 반에서 혼자 100점 받은 적도 있고 영어, 불어도 그런대로 괜찮은 점수를 받았다. 당시의 언어시험은 주로 읽기 능력을 반영했고 말하기, 쓰기의 능력은 평가하지 않았다.

현실에서 가장 중요한 것은 학교에서 가르쳐주지 않은 말하기 능력이었다. 말은 천 냥 빚을 갚는다. 언변이 좋은 이는 대중 앞에 서서 부와 영예를 얻고, 나아가 세상을 바꾸기도 한다. 나는 별로 말을 못한다. 자신을 피력해야 할 중요한 자리일수록 무슨 말을 해야 할지 몰라 꾸어놓은 보릿자루처럼 말없이 있다. 어쩌다 말다툼이라도 할라치면 대꾸도 못하고 앉았다가 나중에야 그때 이렇게 말했어야 하는데 하며 억울해 한다.

글 써볼 생각을 하지 않고 살아왔다. 어쩌다 작문시간이면 머리만 아팠고 매일 검사받아야 하는 일기는 골칫거리였다. 문예반은 언감생심 근처에도 가보지 않았다. 특출하게 남다른 재능이 있는 아이들이 들어가는 데라 여겼다. 국어국문과를 다니면서도 글 써볼 시도를 하지 않았다. 읽고 즐기는 것으로 만족했다. 아마 학창시절 말하기와 쓰기가 포함되었으면 성적이 많이 내려갔을 것이다.

그런데 놀라운 일이 일어났다. 나에게서 쓰기 능력이 발견된 것이다. 아이들을 다 키우고 생긴 여가에 우연히 수필 창작을 수강하게 되었다. 끙끙대며 써낸 첫 글에 대한 교수님 평가가 썩 좋았다. 잘 썼다며 이제까지 글 안 쓰고 뭐했는지 모르겠다고 하셨다. 물론 격려 말씀에 불과할 수도 있다. 가식 없이 정직하게 써내었다는 것에 점수를 주셨을 것이다. 그러나 나에게는 큰 힘이 되어 계속 공부해 오고 있다. 등단도 하였다.

한 편씩 긁적이는 것이 즐겁다. 가족과 친구들이 기꺼이 읽어주고 반응해 주는 것이 기쁘다. 모르는 독자가 연락을 해 오기도 한다. 물론 형편없는 평가를 받을 때도 있고 오래도록 글이 안 써질 때도 있다. 그러나 큰 욕심 없이 꾸준하게 지속하면 언젠가 책을 한 권 낼 때도 올 것이다. 세상을 바꾸겠다는 큰 꿈은 아니더라도, 나 자신이 잘할 수 있는 것을 늦게나마 발견하여 무척 행복하다.

계산이 늦어, 설상가상 말솜씨도 없어 세상 힘들게 살았다. 그런데 나에게 쓰는 재능이 있단다. 숫자와 말하기에 재능이 없다는 것을 글감으로 삼아 글을 만들어 낼 수도 있게 되었다. 글쓰기의 재미다. 게다가 글은 사람의 마음을 움직이지 않는가.

늦재미가 쏠쏠하다.

틈새 예찬

우리 집 베란다 전면은 커다란 유리창으로 되어 있다. 유리창 왼쪽 5분의 1과 오른쪽 5분의 3은 옆 동과 앞 동 건물이 채워져 있고 그 사이 5분의 1이 트여 있다. 5분의 4가 네모난 회색 시멘트 덩어리이니, 남은 5분의 1로 자연을 들이고 계절을 느낀다. 좁고 기다란, 소중한 틈새이다. 어슴푸레 푸른 하늘과 검은색에 가까운 녹색 산, 하루가 다르게 빛이 바래가는 풀밭…….

집이 동남향이라, 그 기다란 세로 틈으로 아침노을을 볼 수 있다. 조각하늘에 잠깐 머물다 가는 붉은 노을이 아름답다. 어떤 날은 두툼한 자갯빛 구름이 은은하게 빛나는 멋진 하늘도 볼 수 있다. 봄가을이면 거실에서 일출을 보는 호사도 누린다. 떠오르는 태양의 에너지를 받아서인지 이런 날은 종일 기분이 좋다.

이른바 '틈새뷰'다. 사이 공간이 없이 시멘트 덩어리 앞 동밖에 안 보였다면 얼마나 답답했을까. 약간의 틈새가 집을 살려준다.

틈새란 벌어져 난 사이를 말하며, 틈과 같은 말이다. 틈이 있어 빗물이 땅속으로 스며들고 그 물을 빨아들여 초목은 꽃을 피우고 열매를 맺는다. 제주도 천지연폭포도 틈이 있어 바위 사이로 물이 흘러내린다. 오대양이 조그만 틈에서 시작된다. 어쩌면 틈새란 새로움으로 향하는 문이다.

딱딱한 씨앗이 틈새를 준비해야 새싹을 틔우며 꽃눈이 틈새를 만들어야 꽃을 피운다. 성장하기 위해 단단한 나무껍질이 터지면서 생기는 틈새는 얼마나 경이로운가. 이 세상 모든 것은 아프면서 자란다.

빽빽한 숲 나뭇가지 틈새로 파란 하늘 조각이 보인다. 나뭇가지 사이사이 틈이 있어 바람도 지나가고 새도 날 수 있다.

산림생태학 중에 숲틈동태학이라는 분과가 있다. 숲에 틈이 생겨 후계목이 자라는 과정을 연구하는 학문이다. 나무가 크게 자라면 그늘이 너무 많이 지기 때문에 작은 나무들이 자라기 어렵다. 큰 나무가 스스로 넘어지든지 혹은 둥치를 잘라내야 한다. 큰 나무가 없어지고 나면 빈 하늘이 남아 다시 숲을 살린다. 자연림은 늘 그대로 버티는 것이 아니다. 숲 틈이 발달하고 그 사이에서 나무가 다시 자라며 건강하게 유지된다. 틈이 있어 생명이 자란다.

창문과 문은 건물의 공식적 틈새이다. 창문을 통해 빛과 바람이 들어오고 문을 통해 사람이 드나든다. 창문과 문이 없는 건물은 사람이 살 수 없다. 건물이란 사람을 담는 그릇인데 사람이 살 수 없다면 그 건물은 기능을 상실한다.

구멍 난 청바지가 인기다. 오래 입어 찢어진 것이 아니라 처음부터 찢어진 청바지로 디자인된 상품이다. 크고 작게 여러 군데 구멍이 나 있다. 청바지의 틈새이다. 건물의 유리창처럼 그 틈으로 빛과 바람이 드나든다. 그들의 가슴에도 환하게 빛이 들고 시원하게 바람이 통할 것 같다. 찢어진 청바지를 보는 내 가슴이 시원하고 간지럽다.

눈, 코, 입, 귀는 사람 몸의 틈새이다. 이것들이 있어 보고 숨을 쉬고 먹고 듣는다. 이것들이 없으면 살 수가 없겠다. 어릴 때 본

〈007〉 초기작품 중에서 지금도 기억나는 장면이 있다. 온통 금빛으로 빛나는 아름다운 나신의 여인이 바닥에 멋진 굴곡을 그리며 누워 있는 장면이다. 살인현장에서 발견된 여인의 몸이 머리부터 발끝까지 금칠 범벅이었다. 빠짐없이 금을 칠해 모든 구멍, 피부의 숨구멍과 땀구멍까지 막아버려 죽은 것이었다. 우리 몸의 온갖 틈들이 막혀 있지 않고 잘 기능하고 있는 것이 얼마나 고마운 일인지.

웃음은 상대방을 안심시키기 위해 자신의 틈을 보여 주는 것 아닐까. 입꼬리를 당기며 입을 크게 열어 틈새를 보이면 그것이 웃음이다. 상대에게 자신이 적이 아님을 나아가 호감을 표현하는 것이다. 입을 앙다물면 허술한 틈은 사라지고 적대감 혹은 당찬 결의를 보여준다.

어쩌면 외로움은 사람 마음의 틈새이다. 외로우니까 인간이라지 않던가. 외로우니까 사랑도 하는 것이다. 여성을 잘 사귀는 한 남성이 말한 적이 있다. 얼마 전 실연하여 외롭다며 하소연하면 상대가 십중팔구는 넘어온다고 하였다. 그러니 내 틈을 보여주며 상대의 틈으로 비집고 들어가는 것이 사랑인가 싶기도 하다.

곳곳에 소통이란 말이 유행이다. 소통疏通은 틀 소, 통할 통이

합쳐진 단어이다. 우리 사회의 많은 문제가 소통이 되지 않아서 생긴단다. 터서 틈새를 만들어서 통하게 하면 해결된다는 뜻이렷다. 남과 여가, 갑과 을이, 안과 밖이 통해서 서로 양보하고 받아들이면 그보다 더 좋을쏘냐. 받아들이고 내어주고 통하게 하는 것이 틈새인가 보다.

빈틈없는 사람에게는 살짝 주눅이 들고 거리감이 느껴진다. 나는 엄벙덤벙 일처리에 어눌하고 늦은 편이다. 그렇다 보니 한두 군데 빠진 듯한 사람이 더욱 인간적으로 느껴진다. 실제로도 조금 모자라는 사람이 더욱 인간적인 사람이 많다. 자신이 모자라는 사람이니 다른 사람들의 부족한 점도 이해하고 감싸 안아 준다. 소위 '허당'이 인기 있는 이유이다. 알맞게 틈새 있는 사람이 가장 완벽한 사람인지도 모르겠다.

그러고 보면 사람이 사람일 수 있는 것은 틈새가 있기 때문인가 보다. 틈은 허술함인 동시에 여유이다. 부족한 것이 인간의 특징이라니 내 틈을 보여주며 남의 틈은 안아주며 살아야겠다.

어떤 해석

1. 고요에 대한 어떤 해석

우주의 음악은 고요히 있어야 들린다. 그래야 내 귀에 담겨진다. 고요는 고요하지 않다. 고요할 때 보이고 고요할 때 들린다. 충만한 고요는 포효한다. 고요는 소리가 없는 게 아니라 우리가 듣지 못할 뿐이다. 우주가 움직이는 소리를 들어보라. 행성들이 조화롭게 움직이고 신성이 폭발하는 소리가 들리는가. 아침에 해 뜨는 소리가 들리는가. 땅속에서 꼬무락 새싹이 움트는 소리가 들리는가. 그것은 고요이다. 정말 귀한 소리는 들리지 않는다.

어느 미국 작가는 격렬한 플라멩코가 돌연히 끝난 후의 적막을 "a silence roared through the bar"라고 표현했다. roar란 단어는 '큰 짐승 등이 으르렁거리다, 크고 깊은 소리로 울리다'의 뜻을 갖는다. 고요란 우주의 으르렁거림이다. 들을 귀 있는 자 들어라, 라고 외치던 광야의 소리이다. 바 안을 온통 침묵이 으르렁거렸다는 말만큼 그곳을 꽉 채웠던 플라멩코의 열정을 더 잘 표현할 수 있을까.

2. 이명에 대한 어떤 해석

내 귀는 때로 없는 소리를 듣는다. 무언가를 경고하는 사이렌 소리 같다. 흔히 이명이라고 부른다. 왜 남이 못 듣는 소리를 나만 듣나 생각하다가 그게 아니라 실제 있는 소리를 내가 이제껏 못 들었던 것은 아닌지 하는데 생각이 미친다. 귀에 덮여 있던 보이지 않는 막이 사라지면서 못 듣던 것을 이제야 듣게 된 것은 아닌지.

어쩌면 참을 수 없이 가벼운 인간 존재에 대한 인간 스스로의 비명일지도 모른다. 예전에는 모든 이들이 다 들었을 것이다. 어느 순간 다들 안 듣기로 무언중에 합의했던 것이다. 귀에 보호막을 덮고 없는 소리로 치부하기로 했을 것이다. 못 들어야 편하니까.

세계 유일의 분단국가이며 세계에서 가장 전쟁의 위험이 높은 한반도에 사는 우리가 전혀 그 위험을 인지하지 못하고 편하게 사는 것과 마찬가지이다. 시간시간 북한의 전쟁 도발 소식에 촉각을 세우고 산다면 그 스트레스로 인해 몸이 견디지 못하므로 몸은 스스로 어르고 달래 슬쩍 덮어둔다. 그럼으로써 우리는 일상생활을 지속한다. 우리의 생존을 위한 방어 기제다.

잘 작동하고 있던 방어 기제가, 내 귀의 보호막이 되돌아오기를 기다릴밖에 없다.

아들의 선물

아야! 비명을 지르며 깬다. 뭉치 님이 엄지발가락을 문 것이다. 늘 밥 주는 시간에서 조금 늦어지면 이렇게 물어버린다. '집사야, 내 아침 차릴 시간이야. 아직도 자면 어떡하니.' 하며 벌을 내린다. 발가락을 물리고도 계속 침대에서 뭉개고 있으니 어느새 올라와 손목을 문다. 안 일어날 수가 없다.

아들은 여러 해 전부터 고양이를 키우고 싶어 했다. 이미 화초를 베란다 가득 키우고 있는 나는 화초 돌보기만도 버거워 안 된다고 버텼다. 장가가면 키우라고 했다. 그러다 양보하여, 장가갈 때 데려가는 조건으로 아들이 뭉치를 데려온 것이 작년 봄이었다.

아기 페르시안 고양이 뭉치는 참 예뻤다. 내 손바닥만 한 자그마한 몸에 옅은 갈색의 기다란 털을 우아하게 늘어뜨리고 유연하게 움직이는 모습이 사랑스러웠다. 우주의 정기가 모여 만들어낸 요정 같기도 했다.

온몸이 털 뭉치라 뭉치라고 이름을 지어 주었다. 몸이 따뜻했다. 만지면 그 따뜻함이 나에게 번져왔다. 따스한 덩어리가 우리 집에서 움직이고 있다는 것이 좋았다. 아침에 눈 뜨면 다가와서 몸을 비볐다. 내 뒤를 졸졸 따라다녔다. 뭉치가 살금살금 움직이면 얼어있는 공기가 파삭파삭 깨어지며 내 마음의 온도가 올라갔다. 더군다나 장가갈 때까지만 보면 그만이니 아무 책임감 없이 예뻐하기만 하면 되었다.

그런데 부쩍부쩍 자라더니 몇 개월이 지나자 골칫거리가 되어 버렸다. 덩치가 커지자 뭉치의 털이 온 집을 점령했다. 가늘고 기다란 털들이 공중에 부유하고, 마루에는 털 덩어리가 굴러다녔다. 옷, 이불, 방석에 온통 달라붙었고 모든 가구에 내려앉았다. 코가 간질간질하고 눈과 입속에도 들어갔다. 털과의 전쟁을 선포했다. 롤러테이프와 털 제거 전용 솔로 수시로 밀었다. 그래도 안 떨어지는 것은 하나씩 하나씩 손으로 뜯어내었다. 뭉치는 끝없이 털을 생산해 내었고 나는 쉼 없이 털을 제거했다.

고양이 변기에 담긴 모래가 뭉치 털에 묻어와 마룻바닥 곳곳에 떨어졌다. 방금 닦아 놓은 테이블 위에 발자국을 허옇게 찍어놓았다. 가구를 날카로운 발톱으로 긁어놓고 도자기를 깼다. 한번은 베란다에서 난데없이 '퍽' 소리가 나서 뛰어갔더니 아끼는 도예 화분이 바닥에 깨어져 있었다. 뭉치는 날개 달린 벌레 한 마리를 쫓느라 다른 화분도 깨기 직전이었다. 온갖 것을 쓰러뜨리고 쏟고 씹고 떨어뜨리고 깨뜨렸다.

일이 이렇게 되니 아들이 슬슬 내 눈치를 보았다. 예비며느리가 고양이를 무서워한다나. 나더러 키워달라는 것이었다. 신혼의 행복이 고양이 한 마리로 인해 깨어지길 원하지 않았던 나는 어쩔 수 없이 맡아주기로 했다. 어쩌겠는가. 한번 엄마는 영원한 엄마 아니던가.

올봄 아들이 장가를 갔다. 그 후 어느 날이었다. 집안 여기저기에 소파에도 이불에도 뭉치가 오줌을 찔끔거렸다. 온 집에 지독한 냄새가 배었다. 그러더니 변기 위에서 고통스러운 비명을 질러대기 시작했다. 병원에서는 요도가 막혔다고 하였다. 하루만 늦었어도 치명적일 수 있었단다. 계속 통원과 입원을 반복하면서, 좀 나은 듯했다가 다시 토하고 피를 흘리며 생과 사를 오갔다.

당황스럽고 불쌍하던 마음이 아픈 기간이 길어지자 분노로 바뀌었다. 평상시 드는 시중만 해도 힘든데, 저놈 병시중까지 들어야 하나. 고통스러워하는 뭉치를 보며 눈으로 말했다. 그냥 그렇게 가주렴. 그러면 네 고통도 끝나고 내 문제도 해결된다. 그런데 한 달간 애를 태우더니 다시 살아났다.

나에게 맡겨진 생명, 어떡하겠는가. 측은지심으로 마음을 다스린다. 생명을 키운다는 건 나를 내어주는 것이다. 지금 뭉치는 내가 아끼는 외출복을 깔고 앉아 쥐어뜯으며 놀고 있다.

뭉치와 함께 사는 일은 내게 소화불량이다. 그 작은 생명이 다칠까 봐 걸음 하나도 마음 놓고 뗄 수 없다. 어느새 소리 없이 내 옆에 와 있었는지 발길에 차인다. 한순간 엎어버리니 컵도 꽃병도 둘 자리가 없다. 변기 물 마시는 것을 좋아해 변기 뚜껑도 잊지 말고 단속해야 한다. 자면서도 잊으면 안 된다. 가끔 내 침대에 올라와 자는 그 아이를 내 허벅지가 누를까 봐. 내 새끼 다 키워내고 좀 편해지나 했더니 고양이 한 마리 때문에 참 피곤하다.

뭉치는 어쩌면 인생과도 같다. 살아간다는 것은 기쁨과 고통이 교차하는 것이다. 뭉치도 사랑스럽지만 예뻐만 하기에는 내 몸과 마음의 에너지를 너무 많이 소모시킨다. 때로 '소모'가 아니라 '소진'시킨다. 아들이 나에게 인생 공부하라고 주고 간 것일까. 아들은 나를 떠나면서 나에게 가장 심오한 선물을 남기고 간 셈이다.

언젠가 '뭉치'가 나랑 똘똘 '뭉치'어서 둘도 없는 동반자가 되어 줄지, 아니면 언제까지나 사고 '뭉치'일지 아직은 알 수가 없다. 인생이 아직 내게 숙제인 것처럼.

바로 내 이야기네
– 염정임의 〈회전문〉을 읽고

평범하고 밋밋하군. '한국 현대수필 100선'에 실릴 정도는 아닌 것 같은데. 서두 몇 줄을 읽고 드는 생각이다. 그러나 무언가 있으니 실렸겠지. 계속 읽어보자꾸나. 그런데 어느 결에 맞장구를 치고 있다. 흠, 그렇지. 맞아 맞아. 저자가 자분자분 풀어놓는 이야기에 나도 모르게 빠져든 것이다. 바로 내 이야기네. 거기다 재미있다. 처음에는 아무런 맛도 없다가 씹다 보면 달고 구수한 맛이 입에 가득 퍼지는, 잘 지은 현미밥 같다.

"나는 워낙 상황에 대한 판단이 느리고 운동 신경이 둔하다 보니 빠르게 움직이는 기계 종류는 모두 경계하는 대상이 되고 말았다."라는 저자는 면허를 따놓고도 운전을 안 한다고 고백한다. 줄지어 달리는 빠른 기계의 대열에 끼이기가 무서워서이다.

나도 마찬가지다. 소심한데다 순발력도 떨어지고 게다가 길치이다. 10년을 장롱면허로 잠재우다가 수년간 운전을 하기는 했으나 접촉사고를 낸 후 운전을 접었다. 시동 걸고 출발하면 어디선가 아이가 한 명 툭 튀어들 것 같아 진땀이 났다. 어느 순간 오토바이가 신출귀몰한 솜씨로 출몰하면 간담이 서늘했다. 긴장하여 뻣뻣한 자세는 운전한 지 수년이 지나도 그대로였다.

운전할 때에는 운전만 해야 했다. 출발하고 한동안은 정신집중을 위해 음악도 듣지 않았다. 신경이 바짝 곤두서 있어서 수다도 떨기 힘들다. 대화가 자꾸 끊긴다. 차선을 옮기면 그것만 생각해야 한다. 목표로 하는 차선 쪽을 주시하며 차가 어디쯤 어떤 속도로 오고 있는지 잘 보고 그 차가 나를 넣어 줄 생각이 있는지 가늠하며 조심스럽게 끼어들어야 하는데 어떻게 대화할 여유가 있겠는가. 다른 이들은 전화까지 하면서도 여유롭게 잘만 하더만. 그들은 나처럼 유난을 떨지 않아도 자연스럽게 되는 것 같았다. 운전을 '하는' 것이 아니라 절로 '되는' 듯 보였다.

큰 로터리에서 좌회전 신호를 기다릴 때 제일 앞에 서게 되면 머릿속이 하얗게 비어 버렸다. 북적이는 도심에서 미아가 된 듯 막막했다. 다른 차들 뒤에 졸졸 따라가면 좋으련만 내가 앞장서서 유려한 선을 그리며 전진해야 하는 상황이 현실이 아니었으면 했다.

함께 탄 이들이 불편하다고 호소하기도 했다. 잦은 급발진과 급정거에 늦게 가야 할 때는 빨리 가고 빨리 가도 되는 데서는 늦게 간단다. 느린 사람이 빠른 기계를 다루려다 보니 과부하가 걸리는 것이다. 씁쓰름하다. 이래저래 운전 안 하는 것이 마음 편하다.

저자는 에스컬레이터를 탈 때도 '하나, 둘, 셋'을 세면서 겨우 딛고 올라서면 그제야 안도한다고 한다. 나도 그렇다. 익숙해지기도 하련만 어림없다. 다들 그 흐름에 부드럽게 편승하는데, 나는 일단 걸음을 멈추고 '하나, 둘'을 센다. 동행한 이보다 한 박자 늦게 탄다. 그나마 저자보다 한 박자 빠른 셈인가.

무엇보다도 나를 곤란하게 하는 것은 요즈음 대부분의 빌딩

> 입구에 설치된 회전 유리문 앞에서이다. 옆에 보통 출입문을 두고도 왜 굳이 빙글빙글 돌아가는 회전문이 있어야 하는지 나는 도무지 알 수가 없다.

정말 그렇다. 나도 계속 돌아가는 회전문 앞에서 난감했던 적이 있었다. 요즘은 자동으로 도는 회전문이 없어서 얼마나 다행인지 모르겠다. 지금도 회전문이 있긴 하지만 대부분 직접 밀고 들어가게 되어 있다.

굳이 회전문을 설치하는 이유가 나도 궁금해졌다. 사전을 찾아보았다. 회전문은 문짝을 회전시켜 출입하는 문을 말하며 빌딩이나 호텔 등 사람의 출입이 빈번한 곳에 설치한다고 했다. 한쪽 방향으로만 회전하기 때문에 사람들의 출입을 통제하는 데 적절하며 사람 간의 충돌위험을 최소화시킬 수 있다. 따뜻한 공기가 밖으로 빠져나가는 것을 막아 에너지 손실을 줄일 수 있다. 한마디로 편리와 효율성을 위한 현대과학의 결과물이었다.

작가는 회전문에 들어가는 어려움을 어릴 때의 줄넘기에 비유하고 회전문 내에서의 엉거주춤한 잦은걸음을 채플린과 일본 여성에 빗대어 표현한다. 깊은 관찰력에 섬세한 표현력이 적절하게 더해져서 맛있는 글이 되었다. 저자가 느끼는 이런저런 불편들이 시큼하고 떫은맛을 느끼게 하다가 재치 있는 묘사들이 달콤짭조름한 맛을 보태어 다양한 즐거움을 준다.

회전문에 대한 몇 가지 부정적인 내용을 흥미롭게 나열한 후, 그녀는 이렇게 결론짓는다.

> 살아가면서 나에게 부딪혀오는 일들 앞에서도 회전문 앞에서처럼 망설이고 뒤로 미룰 때가 많다. '이번에는 꼭' 하면서도 유리문이 몇 개나 빙빙 돌며 지나가기를 기다린다. '아차' 했을 때에는 한발 늦어 있음을 발견한다. 모든 일이 너무 정신없이 빨리 돌아간다. (……) 회전문 앞에 들어설 때, 나는 이 세상에서 내가 차지하고 있는 공간에 대한 불확실성을 첨예하게 느끼곤 한다.

바로 나 자신의 모습이다. 단숨에 들어서야 하는 순간을 망설이다 몇 번이나 놓쳐 버렸는지. 들큼한 떫은맛이 여운으로 남는다.

포인트 주기

커다란 공룡 한 마리가 기다란 목을 쭉 뺀 채 신나게 달린다. 맛있는 풀밭이라도 발견한 것인지 쿵쿵 소리를 내며 달려가는 중이다. 저쪽에서는 살찐 하마가 머리 숙여 강물을 마시고 있다. 번들거리는 목이 어찌나 굵은지 몸통과 구분이 되지 않는다.

쥐라기공원도, 아프리카 초원도 아니다. 20세기 대한민국 평범한 아파트 우리 집 거실이다. 비스듬히 들어오는 아침 햇살이 거실 TV 뒤쪽 벽지를 그렇게 보이도록 한 것이다. 거기에는 옅은 잿빛 바탕에 은빛 붓 자국이 이리저리 스쳐가는 형태로 덧칠이 되어 있다. 다시 보니 그 반짝임이 늦가을 을숙도 갈대밭에 앉아 있는 고니 같기도 하다.

수년 전 이사 들어오던 때였다. 한 가지 벽지만 골랐다. 집이 넓어 보이도록 방과 거실, 부엌 모두 같은 벽지를 발라 달라고 했다. 굳이 예쁘거나 눈에 뜨일 필요가 없었다. 있는 듯 없는 듯 무던하게 벽을 지켜주기만 하면 되었다.

아이보리 빛 바탕에 팔뚝 너비만 한 간격으로 베이지 빛의 기다란 세로줄 무늬가 이어져 있는 벽지를 골랐다. 세로줄은 자로 잰 듯 미끈하게 내리그어진 것이 아니라 들쑥날쑥 굵었다 좁았다 하며 서툴게 붙어 있었다. 거기에 역시 베이지 빛으로 자잘한 불특정 무늬 –크고 작은 점과 길고 짧은 선– 가 전체적으로 퍼져있어 마치 몸피가 하얀 자작나무 숲을 연상시켰다. 하얗게 눈 덮인 산하가 햇살에 녹으며 땅 부분이 여기저기 드러나기 시작하는 그런 풍경 같기도 했다.

한번은 집을 방문한 친구에게 아들이 나랑 취향이 비슷해서 제 방 도배를 썩 마음에 들어 하더라고 했더니, "아~, 들어올 때 도배 새로 하고 들어 왔구나~~."라고 했다. 도배를 새로 하지 않고 그대로 들어온 것으로 여긴 모양이었다. 그러고 보니 새 벽지인데도 제법 손때가 묻은 듯 보인다.

인테리어하는 분이 거실 중앙 벽면만이라도 다르게 포인트를 주라고 권했다. 예쁘지도 않은 벽지로 집 전체를 발라 달라고 하니 안타까웠나 보았다. 견본책자를 뒤적이기만 하고 포인트 벽지를 고르지 못하자, 그분이 하나 권해 주었다. 보는 순간 동의했다.

많은 갈피 속에 들어 있을 때는 모르겠더니, 딱 집어서 가리켜 주니까 눈에 쏙 들어왔다. 바탕의 잿빛이 차거나 우울하지 않고 따스하고 풍부해 보였다. 직접 눈에 보이진 않지만 그 속에는 샛노란 햇빛과 붉은 장미와 짙푸른 바다색이 녹아들어 있었다. 그 위에 여기저기 무정형으로 슬쩍 덧칠해진 은빛 붓 자국이 요란하지 않은 생기와 윤택함을 더해 주었다. 그것이 지금 이 벽지이다. 다시금 흡족하다.

방문한 지인들이 포인트 벽지를 칭찬했다. 덕분에 집이 살아난단다. 내가 골랐던 벽지를 칭찬하는 이는 없었다. 눈에 띄지 않기를 원했던 내 의도에 딱 들어맞으나 너무 밋밋했다. 잿빛 벽지로 포인트를 주지 않았으면 양념장 빠진 함흥냉면처럼 싱거웠을 듯하다. 내 주장대로 하지 않고 다른 이의 의견에 귀 기울이기를 잘했다고 생각한다.

하얀 천장, 아이보리와 베이지 벽지, 마루는 옅은 갈색, 가구도 갈색 아니면 아이보리색이다. 자연에 싸인 듯 따스하고 편하다. 집안의 가구들도 예쁜 것보다는 보기에 편안한 것을 선호한다. 한눈에 뜨이는 것보다, 있는 듯 없는 듯 있는 것을 좋아한다. 화려하고 멋진 가구는 나 봐달라고 끊임없이 말하는 듯해서 성가시다. 안 봐주면 토라질 듯하다. 수더분한 우리 집 가구들은 아무도 바라봐 주지 않아도 불평하지 않는다. 그러나 인내심은 한량이 없어서 무던하게 언제나 거기 있어 준다. 간결한 것을 좋아하여 장식품도 몇 개 없다.

무던하고 단순한 것들을 좋아하는 건 좋다. 그러나 편중된 취향으로 인해 집이 너무 심심하고 썰렁했다. 예전에 어떤 이는 곧 이사 갈 집 같다고 평한 적도 있다. 그걸 막아주는 것이 이 포인트 벽지이다. 덕분에 집이 활기차고 충만하다.

몇 안 되는 자그만 소품들도 포인트가 된다. 시어머님이 주신 골동함 위에 친구가 선물해 준 빨간 사과 모양 바늘쌈지가 있다. 이웃하여 남편이 들인 전통부채가 자리하고 있다. 부엌 개수대 벽에는 지인이 뜨개질해 준 노랑과 하늘색이 조화를 이룬 수세미가 걸려 있다. 예뻐서 쓰지 않고 걸어두었다. 설거지하며 가끔 보곤 한다.

나에게 포인트 주기란 살짝 열어두기이다. 내 주장만 하지 않고 타인의 말을 다시 한 번 생각해 보는 것이다. 재미없게 사는 내 생에 재미를 더해 주기이다. 내 생의 포인트는 무엇일까, 누가 주었을까 생각하게 된다. 포인트란 양으로 보면 3%에 불과하나 영향력은 300%일 수 있다. 함흥냉면에 맛을 내는 것은 양념장이다. 화룡점정이고 하이라이트이다.

액세서리도 내가 구입한 것보다 선물 받은 것이 더 많다. 걸리적거리는 것이 싫어 평소에 반지도 끼지 않는다. 귀걸이나 목걸이는 말할 것도 없다. 주위 사람들이 보기에 불편한지 액세서리를 선물해준다. 선물해 주는 성의를 생각해 걸치고 나가면 다들 예쁘다 해주니 또 하게 된다.

그러고 보면 나를 완성시키는 것은 내가 아니라 타인일지도 모르겠다.

깃털 마녀

정경화 바이올린 연주회에 갔었어요. 표가 한 장 남는다고 친구가 전화했더라구요. 마침 시간도 비어있던 차에 귀한 표니까 무조건 갔지요.

음악과 그다지 가까운 편이 아니에요. 쉬는 시간이면 TV를 주로 보죠. 음악도 TV에서 시청하구요. 요즘 유행하는 오디션 프로그램이나 서바이벌 프로그램 같은 거요. 모두 대중음악이죠. 굳이 클래식 연주를 찾아 듣지는 않아요. 아마 1년에 두어 번 모차르트의 피아노소나타를 들으려나.

그런데요, 놀라운 일이 일어났어요. 와우! 정경화 연주가 나를 완전히 사로잡은 거예요. 정말이지 내가 숨 쉬는 것조차 정경화가 관장했어요. 그녀가 눈을 감고 섬세하게 연주할 때면 나도 숨죽이고 있다가 그녀의 활이 잠시 느슨해지면 그 새에 큰 숨을 한 번 몰아쉬었어요. 내 마음대로 숨을 쉴 수가 없었어요. 두 눈썹 사이에 두 줄로 고랑을 그으며 집중해 있다가 정경화가 바이올린을 내려야 나도 온몸에 긴장이 풀리고 그렇더라구요. 그녀가 찡그리면 나도 찡그리고 그녀 표정이 부드러워지면 나도 부드러워지고. 실수를 했더라도 내 귀에는 그 실수조차 완벽하게 들릴 정도였어요. 무대 위에서 노닌다고나 할까요.

듣는 재미뿐 아니라 보는 재미가 있었어요. 연기자만 연기를 하는 게 아니더군요. 연주자도 표정으로 온몸으로 연기를 했어요. 곡의 느낌에 따라 온몸을 빠르고 느리게, 크고 작게 흔드는데 그 움직임이 무대를 지배하더군요. 처음부터 끝까지 이렇게 몰입시키는 연주자는 처음이었어요.

세 곡을 연주했어요. 프로그램도 읽지 않아서 누구의 어떤 곡인지도 모르는 상태에서 들었지요. 첫 곡에서는 비 온 뒤 상쾌한 시골을 산책하는 기분이랄까, 촉촉한 흙 내음, 청량한 나무 내음을 맡았어요. 곡 속에서 편안하고 즐겁게 웃을 수 있었어요.

두 번째 곡에서는 도시인의 고뇌랄까, 줄타기하며 버텨야 하는 인간의 비애를 가슴 아프게 느꼈어요. 힘든 하루를 마치고 홀로 어두운 재즈 바에 앉아있는 느낌이랄까, 오늘과 변함없을 내일을 잊기 위해 위스키에 취해야만 하는 이의 통증이 생생하게 전해졌어요.

세 번째 곡은 처음에는 상당히 생소한 느낌이었어요. 음이 미끄러지면서 죽 올라갔다가 죽 내려오곤 하더라고요. 음, 이게 뭐지 하면서 듣다 보니 어느새 광활한 우주공간에서 울려오는 우주의 소리처럼 느껴졌어요. 지구의 차원을 초월한 듯한 신비한 소리였어요. 나도 시공을 초월한 어떤 존재가 되어 우주의 음악을 들었어요. 장엄했어요.

문화회관이 우리 집에서 그다지 멀지 않은 데다 아주 편한 신을 신고 있어서, 집으로 걸어서 돌아왔어요. 그때까지도 셋째 곡에서 내가 벗어나지 못하고 있었나 봐요. 발바닥에 보도블록이 밟히는 게 신기하더라구요. 곡을 들으며 내가 끝없는 우주 공간에 둥둥 떠다니고 있는 듯했거든요. 근데 발바닥에 딱딱하게 뭔가 닿고 그걸 밟아 에너지를 얻어 나아가고 다른 발로 또 밟아 내가 전진

하는 것이 이상하게 느껴졌어요. 발바닥에 부딪히는 보도블록을 느끼며 내가 지구에 사는 사람이었구나 하고 다시 내 정신이 지구로 내려왔답니다.

잘못했으면 우주파출소에 정신 실종신고를 내었어야 할 뻔했어요, 호호.

연주 후 비로소 곡목을 살펴보았어요. 첫째 곡은 베토벤 바이올린 소나타 제5번 봄, 둘째는 프로코피에프 바이올린 소나타 제1번, 셋째는 프랑크 바이올린 소나타 A장조였어요. 곡을 들으며 내가 느낀 건 완전히 주관적인 내 느낌이에요. 딴지는 걸지 마세요. 내가 음악에 문외한이란 건 이미 밝혀두었으니까요.

고백하건대 클래식 음악은 첫 10분 정도는 좋아도 길게 들으면 지겨워하는 편이에요. 정신집중이 안 되고 더러 잠이 오더라구요. 근데 이날은 내가 홀린 것 같았어요. 잠이 오기는커녕 점점 더 맑아지더라구요. 정말 마녀인가 봐요. 영국 언론에서 정경화를 '바이올린을 든 마녀'라고 평했다더라구요.

정경화가 무대에 등장할 때에 드레스부터 눈으로 훑었죠. 실망스러웠어요. 세계적인 연주자에 어울리는 우아하고 아름다운 드레스를 기대하고 있었거든요. 괴상한 드레스였어요. 목이 둥글게 파인 민소매 검정 드레스에 까만 깃털이 듬성듬성 달려있었어요. 깃대까지 붙은 새카만 깃털은 왜 달려있는지 도저히 모르겠더군요. 그런데 연주가 끝난 후에 생각이 완전히 바뀌었어요. 마녀에게 그보다 더 어울리는 복장은 없겠더라구요. 깃털 빗자루를 타고 밤하늘을 비상하는 마녀가 떠오르지 않나요. 어둠을 머금은 까만 깃털이 블랙 카리스마를 완벽하게 발산하더라구요.

다 본 후 생각이 바뀐 게 또 있어요. 보는 내내 피아노 연주는 별로라 생각했어요. 도대체가 어떤 느낌을 주지 않더라구요. 존재감이 없는 거죠. 밋밋하고 심심했어요. 그러나 나중 생각해보니 아무 색깔 없이 연주하는 그가 반주자로서는 최고였던 거 같아요. 반주는 주인공이 아니라 배경인데 배경은 튀면 안 되는 거였어요. 없는 듯 있음으로써 정경화를 최대한 내세워 주었어요. 내가 음악에 대해서 잘 모르다 보니 그걸 몰랐던 거죠.

전에 갔던 어떤 바이올린 연주회가 생각나네요. 피아노를 바이올린보다 더 잘 쳐서 바이올린이 아니라 피아노 연주회에 간 것 같았어요. 당시에는 아무 생각 없이 피아노 들으며 즐거워했는데, 지금 생각해 보니 그 피아니스트는 반주자로서의 매너를 지키지 못한 것 같네요. 바이올린 주자의 역량이 모자라더라도 피아노가 나서지 말고 끝까지 바이올린을 보필해 주는 자세를 유지하는 것이 예의였을 것 같아요.

정경화는 카네기홀 무대에 선 최초의 한국인이래요. 아시아 출신으로 유명 음반사인 데카에서 음반을 낸 첫 독주자이기도 하구요. 많은 외국인이 정경화의 연주와 음반을 통해 한국을 알게 되었다는군요. 우리나라 예술계에 한 획을 그은 거죠.

친구에게 "저렇게 하려면 얼마나 연습을 했을까? 아무리 타고났더라도." 하니 친구 왈. "그렇게 힘들게 할 필요 있나. 아무리 연주를 잘하더라도. 편한 게 낫지 않을까."라더군요. 그러니까 우리는 관중석에서 숨죽이고 듣고 있는 거고, 정경화는 무대 위에서 조명 받고 연주하고 있는 거겠죠.

평생 처음 기립박수를 쳤어요. 대기실로 가서 사인도 받았어요. 음악가에게 사인 받은 것은 대중음악가 양희은 다음으로 두 번째예요. 클래식 음악회에서 사인 받은 경험이 없어서 앞사람이 어떻게 하는지 눈여겨보았어요. 프로그램 한 장을 넘겨 목차페이지에 받기에 나도 따라 했어요. 후회가 되네요. 맨 앞장 정경화 사진 옆 빈 공간에 받았으면 좋았을 텐데! 카리스마 넘치는 그녀의 얼굴이 좋더라구요. 작은 역삼각형 얼굴에 위를 향해 죽 찢어진 강렬한 두 눈, 날카로운 콧대, 섬세하게 다문 입매. 그 바로 옆에 그녀의 근사한 사인이 자리해야 하는 건데.

3부

창가에 화분을 얹으면 북향도 남향이 된다.
따뜻한 음식으로 가족을 맞이하며
작고 불편한 집도 좋은 쉼터가 되어 주길 희망한다.

봄을 지휘하다

거실 창 앞에서 베란다를 살핀다. 소복하게 돋은 재스민 초록 잎들 사이에 언뜻 보랏빛이 눈에 띈다. 꽃봉오리가 몇 송이 맺히더니 그중 하나가 피었다. 베란다로 나가 들여다본다. 반쯤 핀 꽃이 잎에 막혀 움츠려 있었다. 잎을 살짝 걷어주니 기지개를 켜며 몸을 펼친다. 뒤틀며 향기를 뿜는다. 그 향에 머리가 핑그르르 돈다. 갇혀 있던 향 알갱이들이 푸르르 튀어나와서 그런가 보았다.

재스민은 아버지가 가장 사랑하는 꽃이기도 하다. 며칠 전에는 아버지가 전화를 하셨다. 찬란한 봄 햇살 속에 활짝 핀 재스민을 보고 있으니 너무 좋아서 전화를 하셨단다. 이 꽃은 단아한 청보랏빛으로 피어나 시간이 흐르면서 깨끗한 하얀색으로 변한다. 보랏빛 꽃과 흰 꽃이 밝은 초록색 잎과 어울려 우아하다. 그 우아한 자태와 기품 있는 향에 빠지셨나 보다. 아버지 집보다 햇빛이 적은 우리 집은 이제 피기 시작한다.

재스민까지 피니 베란다에 향이 넘친다. 지금까지는 내버려 두어도 향들이 각자 영역을 침범치 않고 나름 조화로웠다. 이제 아니다. 각자 제멋에 겨워 부르는 노래들이 넘쳐 시끄럽다. 정리를 좀 해야겠다.

지금 베란다를 가장 짙게 점령하고 있는 향은 긴기아난이다. 여중생처럼 청순한 하얀 얼굴로 풋풋하고 상큼한 향을 내뿜는다. 피어난 지 이미 달포가 지났는데도 말간 얼굴들이다. 하지만 개성 강한 향이 지나쳐 부담스럽다. 조금은 정리해 줘도 될 듯하다. 꽃들을 어느 정도 보고 나면 잘라 주는 것이 화초의 힘을 비축하게 해 주기도 한다. 내년을 기약하며 꽃대 서너 줄기만 남기고 가위로 자른다.

애니시다도 향이 한창이다. 새끼손톱만치 자그마한 샛노란 꽃들이 옹기종기 모여 달콤하고 부드러운 향을 뿜는다. 바람에 실려

오는 애니시다 향은 얼마나 매혹적인지. 짙은 초록의 납작한 밥알 같은 잎들이 무성한 가운데 자그만 노란 꽃들이 따스한 봄 햇살 속에 무리 지어 피어 있는 모습이 귀엽기 짝이 없다. 줄지어 소풍 가는 유치원 아이들 같기도 하다. 지나치게 무성한 가지를 솎아준다.

어느 날 포근한 봄 공기에 이끌려 동네를 산책하고 있었다. 처음 맡아 보는 달달한 향이 코끝을 밀고 들어왔다. 마음이 환하게 밝아졌다. 취한 듯 살짝 어지럽기도 했다. 화원 앞에 서 있는 노란 꽃나무에서 나는 냄새였다. 꽃나무는 내 키만 했고 덩치도 내 몸피만 했다. 마음을 빼앗겨 버린 나는 떠나올 수가 없었다. 처음 만난 이 향을 한 줄기 간직하고 싶었다. 꽃집 주인이 볼까 봐 한참을 머뭇거리다가 겨우 한 줄기 따서 얼른 호주머니에 넣고서야 자리를 뜰 수 있었다. 너무 쉽게 시들어 가는 꽃을 애석해했던 기억이 지금도 선하다. 후에 그것이 애니시다란 것을 알고서 조그만 묘목을 들여서 키우고 있다. 꽃집에서 보았던 나무만큼 커 주기를 바란다.

염렵한 미모를 겨우내 보여주었던 시클라멘이 아직도 피어 있다. 고운 자줏빛 색상과 나비 같은 형태의 아름다움만으로도 사랑스러운데 머리를 맑게 해 주는 시원한 향을 베란다에 낮게 퍼뜨린다. 그 앞에 웅크려 앉을 때마다 어쩌면 이런 내음을 만들어 낼 수가 있을까 싶기만 하다. 그러나 이제 완연한 봄이다. 그동안 수고했으니 쉬게 해 줘야겠다. 조금은 피곤해 보이는 수려한 꽃들을 모두 잘라 휴식처로 옮긴다. 멤버 체인지.

라디칸스가 은근히 사람 마음을 끈다. 기다란 꽃대를 무수히 올리더니 그 끝에 자그마한 하얀 꽃들이 냉이꽃처럼 올망졸망 모여 피었다. 앞에 서면 언제부터인가 시클라멘 향이 느껴져 아래 바닥에 놓여 있는 시클라멘 향이 여기까지 오나 보다 했다. 그런데 자세히 관찰해 보니 라디칸스 자체의 향이었다. 요 손바닥만 한 것이 이렇게 멋진 향을 만들어 퍼뜨리다니. 가운데 쪽으로 옮겨야겠다.

저쪽에는 알뿌리 식물 알부카가 달콤한 초콜릿 향을 뿜을 꽃대를 길게 올리고 있다.

애니시다, 재스민, 긴기아난, 라디칸스, 그리고 알부카를 소프라노 파트에 배정한다. 그중에서 내가 선택한 솔로는 애니시다다. 샛노란 의상과 보드라운 향의 노래가 가장 봄답다. 메조소프라노는 로즈마리, 라벤다 등의 허브에게 맡긴다. 몸을 손으로 슬쩍 쓸어주면 잎의 향 입자들이 공기 중에 맑게 퍼진다. 남은 화초들이 알토다. 흙 내음, 풀 내음과 함께 언제나 베란다에 미묘한 냄새가 깔려 있다. 알토가 만들어 내는 냄새이다. 나를 편안하게 해 주는 그 내음은 어느 정도 습도가 있는 날 더욱 잘 느껴진다.

반주는 열어젖힌 창으로 흘러들어오는 바람에게 맡긴다. 바람은 남실남실 시냇물처럼 흐르다 드물게는 폭포처럼 내리치기도 하며 멜로디를 인도한다. 봄의 반주자다.

연습을 마치고 공연에 들어간다. 공연복은 따로 없다. 쓰고 있던 챙 넓은 모자를 벗어 어깨며 다리를 툭툭 털고 다시 쓰면 복장은 완료된다. 꽃들은 이미 의복을 단정히 하고 화사한 햇살 조명 속에 도열해 있다. 지휘봉 대신 차를 한 잔 끓여 와 베란다 한편에 있는 낡은 원목 테이블에 앉는다. 굳이 지휘봉을 휘두르지 않아도 바람이라는 천재 반주자가 알아서 이끌어 준다.

향들의 합창이 은은하게 울려 퍼진다. 봄이다.

비 오는 이기대

비가 온다. 우산을 받쳐 들고 이기대로 향한다. 오륙도에서 시작되는 해안 산책길인 갈맷길이 이기대를 지나 해운대로 이어진다. 군사보호지역이어서 원래 모습이 잘 보존되어 있고, 보기 힘든 야생화들 또한 많이 피어난다. 청정지역으로 요즘 드문 반딧불이 체험행사도 열리는 곳이다. 언제라도 가 볼 수 있으니 이만한 행운이 없다.

숨을 깊이 들이쉰다. 비가 오는 바닷가에서는 비릿하면서도 포근한 냄새가 난다. 해안절벽을 따라 설치된 나무데크를 걷는다.

젖은 계단을 천천히 올라간다. 아득한 잿빛 바다가 끝 간 데 없이 열려 있고 바위에 부딪는 파도 소리가 온몸을 감쌌다가는 산 위로 올라간다.

아찔한 벼랑에 삐죽하고 거친 바위들이 힘차게 바다로 뻗어 있다. 전설 속의 커다란 새가 순간적인 어떤 힘에 의해 해안에 내려앉아 그대로 굳어 버린 듯하다. 멈추어진 비상에의 염원이 묘한 형상으로 꿈틀거린다. 어느 순간에 먼 하늘로 날아갈 듯 바위를 움켜쥔 발톱이 선명하다.

짙은 숲이 나온다. 둥그런 물방울들이 푸른 잎에서 뚝뚝 떨어진다. 어디선가 은은한 향이 감돈다. 칡꽃 향기다. 기슭을 온통 덮고 있는 칡잎 사이에서 청보랏빛 꽃송이가 조심조심 모습을 내민다.

지나가는 길목 도처에 참나리가 한창이다. 계곡 벼랑과 바닷가 바위틈에 곳곳이 피어 있다. 물기를 머금어 윤이 나는 주홍색 잎마다 검자줏빛 주근깨가 총총 박혀 있다. 목을 길게 빼고 몸을 틀며 지나가는 산책꾼에게 애교를 떤다.

이기대를 감돌고 있는 청보랏빛 향기 때문일까. 촉촉이 내리는 비의 온기 때문일까. 아니면 주근깨 참나리의 아양에 녹았을까. 이기대의 험한 바위들이 이들에게 몸을 내어주고 있다. 편안해

보인다. 나도 덩달아 편안해진다. 잔뜩 움켜쥐었던 커다란 발톱들이 나긋나긋하게 바위 위에 놓여 있다. 먼 데로만 향하던 마음을 모두 내려놓고 무장해제를 하였다. 이물질처럼 끼여 있던 풀들이 맘껏 물을 먹으며 바위 속으로 뿌리를 뻗는다. 새들도 내 집인 듯 바위에 앉아 쉬고 있다.

따스한 7월의 비에 젖은 이기대. 차고 딱딱하던 바위가 따뜻하고 부드러워졌다. 벼랑 아래 부서지는 파도도 다사롭게 바위를 감돈다. 초록 나무도 풀도 탱탱하게 몸집이 부풀었다. 어쩐지 대하기 어려웠던 이기대의 모든 것이 다정하고 말랑말랑해졌다.

돌아오는 길이다. 비가 멎었다. 문득 수많은 잠자리 떼가 어디선가 나타난다. 어지러이 나는 잠자리 떼. 그 투명한 무리를 눈으로 쫓다 보니 자욱하게 해무가 낀 듯하다. 꿈결인 양 몽롱해진다.

나도 빗기에 젖어 나긋나긋 순연해진다. 질긴 내 마음의 근육이 낭창낭창 부드러워진다. 말랑말랑한 이기대를 걷고 있는 지금, 이기대 앞바다의 하늘은 잿빛이지만 내 마음은 연분홍 찔레꽃빛이다.

만 원의 행복

까슬까슬한 가을 햇살이 노오란 국화 위에 내려앉는다. 눅눅하던 내 마음이 맑게 갠다. 닷새 전 5천 원씩에 화분 2개를 사 놓았더니 제법 여러 송이가 피었다. 자고 일어나면 베란다에 송이송이 별처럼 피어나 있다. 만 원의 행복이다.

자연을 아파트 베란다에 들여놓은 지 5년째다. 한동안 발목에 문제가 생겨 밖에 나가지 못하고 집에 있었다. 갑갑해 하는 나에게 친구가 다육식물을 선물해 주었다. 다육식물 중 일부는 번식력이 놀라워서 잎을 뜯어 살짝 심어 놓으면 뜯겨진 자리에서 싹이 나와 하나의 개체를 이룬다. 친구가 준 것은 이렇게 잎 하나하나에서 생명이 움터 나온 새끼손톱만 한 싹들이었다. 그 조그만 꼬물꼬물 살아 있는 것들이 어찌나 신기하든지 한 화분에 여남은 개를 함께 심어 놓고 하루에도 몇 번씩 들여다보곤 했다.

그것이 시작이었다. 다육식물을 하나씩 사들이게 되었고 그러다 보니 화사한 꽃이 피는 화초들과 향이 좋은 허브도 사들이게 되었다. 한 가지 원칙은 하나에 만 원을 넘지 않는 화분을 사는 것이었다. 내가 주체가 되어 즐겨야지 거기 지나치게 빠지지는 말아야지 하며 그 원칙은 지금까지 지키고 있다.

지금 내 베란다에는 4층 아파트가 두 동, 2층 연립주택 한 동이 들어와 있다. 식물을 바닥에 두다 보니 자리가 모자라 4층 선반과 2층 선반을 들여 올려 준 것이다. 100분 정도의 다육식물들, 화초 열 분 정도, 몇 종의 허브, 관엽 몇 개 등이다. 아침에 눈 뜨면 베란다에 나가 일일이 쓰다듬어 보며 물을 준다. 물을 주고 있는데 거실에 있던 딸아이가 "응, 엄마."라고 한다. 무슨 소리냐 그랬더니 엄마가 "잘 잤니?"라고 물어서 자기보고 한 말인 줄 알았단다. 나도 모르게 식물들에게 소리 내어 말을 건넨 모양이다. 들여다보며 물 주다 보면 한 시간이 후딱 지나간다. 아파 보이는 아이들 처치해 주고, 분갈이라도 할라치면 두세 시간도 금방이다.

이 생명들 때문에 무더운 지난여름도 에어컨을 켜지 못하고 지났다. 실외기가 베란다 안에 있어서, 에어컨을 켜면 더운 바람이 베란다에 가득 차 식물들이 열기에 죽게 된다. 베란다 밖으로 선반을 달아 에어컨 실외기를 내려 했더니 아파트 규칙이 베란다 밖으로 아무것도 달아내면 안 된다고 했다. 한 친구가 에어컨 안 쓸 거면 나 주지 그런다. 그것도 곤란한 것이, 10년이 넘은 에어컨이라 적지 않은 이전설치비 내고 옮겼다가 혹시 작동을 하지 않으면 내가 미안해질 것 같다. 그래서 우리 집 에어컨은 그 자리에서 아무 기능도 하지 않은 지 여러 해 된다.

우리 집에는 크고 멋진 화분은 없다. 무거운 화분을 들다 허리가 삐끗한 적이 있어 가벼운 화분으로 유지하려 애쓴다. 실내에는 화분이 없다. 통풍 잘되라고 베란다에서만 창문 활짝 열어 놓고 키운다. 바깥 노지에서 시원하게 바람 받으며 자라야 하는 것들을 아파트 안에 들여온 것이 미안해서다. 그나마 집 안 가장 좋은 환경에서 살게 해 주려고 노력한다.

TV에서 장미허브가 집안의 가습을 돕는 식물로는 가장 좋다고 방송하였다. 함께 보던 딸아이가 "엄마, 장미허브가 가습에 좋다니 베란다에 두지 말고 여기 소파테이블에 두자."라고 했다. "저기가 식물 환경으로 훨씬 좋아. 실내는 통풍이 덜 돼서 애들한테 안 좋아." 했더니 "엄마, 나도 좀 좋은 환경에 살아 보자." 한다. 그 말에 미안해진 나는 "알았어." 하고는 얼른 가져다 테이블에 놓아 주었다. 그러나 하루 지나고 나니, 장미허브가 얼마나 답답할까 싶어 딸애가 나간 사이에 다시 제자리로 복귀시켰다. 다행히 딸애는 아무 말도 하지 않았다.

얼마 전 법정의 〈무소유〉를 접하게 되었다. 스님이 난초 두 화분을 정성을 다해 기르다 지나친 집착이 부자유가 되어 다른 이에게 주어버렸다는 이야기다. 그런데 읽다 보니 엉뚱한 생각이 나는 것이었다. 기왕 키우던 거, 주지 말고 그냥 키우시지……. 스님이 글쓰기 3년 전 받은 난을 지난해 여름까지 길렀다니 약 2년 기른 셈이다. 한 1년만 더 길렀으면 키우는 방법도 확실히 알게 되고 집착도 덜해졌을 텐데. 그냥 동고동락하는 식구로 지내는 것도 괜찮았을 텐데……. 범사에 집착하여 속 끓이는 중생을 계도하려 쓰신 글임을 알면서도, 이런 실없는 생각이 나는 것이 어이없어 혼자 피식 웃고 말았다.

그동안 몇몇 지인에게서 이것저것 얻어오기도 하고 나누어 주기도 하였다. 내가 얻어서 키운 것들을 보면 나에게 준 사람의 얼굴이 떠오른다. 나에게서 가져간 사람도 가끔 내 생각을 해 주겠지 한다. 그것들이 얼마나 잘 컸을까 궁금할 때도 있다. 얼마 전 허브 씨앗이 생겨 스티로폼 박스 둘에 나누어 뿌려놓았다. 과연 얼마나 싹이 날지 어떻게 자라줄지 가슴이 두근거린다. 조금 커지면 몇몇이서 나눠야겠다.

실내에서 보기 좋게끔, 거실 창문 바깥쪽으로 꽃 핀 제라늄과 노란 국화분 두 개를 배열한다. 소파에 앉아 베란다 쪽을 본다. 무엇인가 좀 부족하다. 다시 나가 색색으로 핀 작은 제라늄 세 개를 친정어머니가 주신 놋쇠화로에 모둠으로 넣어 자리 잡게 한다. 그 옆 국화분 하나를 30도 왼쪽으로 돌려 본다. 소파에서 쳐다보니 그럴듯하다. 국화가 만개하면 친구 불러 차 한잔해야겠다.

꽃잎 시위

현관을 나서는데

바람이 세차게 불며 벚꽃잎이 얼굴을 스쳐 지나가더군.

아, 벌써 지는구나…….

전혀 아쉽지는 않았다.

아쉽다기보다는

잘했어, 수고했어, 라고 인사하고 싶었다.

이렇게 가는 건 활짝 필 만큼 다 피었기 때문이니까.

우리 집에서 내려다보면
벚나무가 그냥 커다란 연분홍 덩어리이다.
온몸이 꽃인 거지.
온몸으로 꽃을 만들었는데 무슨 여한이 있겠냐.

여한 없이 꽃을 만들었으므로
미련 없이 질 수 있을 거 같다.

발레하듯 땅 위를 굴러가는 포즈도
떨어져 소복이 쌓인 모습도
분분히 날리는 풍경도 모두 아름답다.

갈수록 벚나무가 좋아진다.
원 없이 꽃을 피운 후
온통 녹음이 되었다가
붉은 단풍으로 스스로를 불태운다.

그러고는,

추위가 오면 모든 잎을 깨끗하게 떨구고 빈 몸이 된다.

온몸을 던져 무언가 한다는 거!

참 잡다한 생각이 많아서
그리고 게을러서
언제나 나 전부를 내어 주지 못하는 나에게
무리 지어 스치는 분홍 꽃잎들이 시위하는 듯하다.

화분의 꿈

부엌 창가에 얹을 화분을 고른다. 잎의 흰 무늬와 뻗어나가는 선이 고운 무늬아이비를 놓아본다. 은은하게 들어오는 햇살에 어울린다. 하얀 플라스틱 화분을 가려주고 싶어 짚을 엮어 만든 바구니를 꺼내어 아이비를 담는다. 멍석처럼 거친 느낌의 갈색 바구니와 섬세한 선과 무늬를 가진 아이비가 잘 어울린다. 맞춤 맞다.

여고 시절이었던 것 같다. 인테리어 잡지 속 한 페이지였다. 온통 눈부시게 하얀 부엌에서 하얀 원피스를 입은 여인이 부엌 창가에서 행복한 미소를 짓고 있는 모습이 보였다. 나풀대는 치마 뒷자락 창틀에 초록 화분이 창밖에서 들어오는 환한 햇살을 받아 빛났다. 당시 우리나라는 먹고 살기가 바쁜 때여서 이런 모습은 잡지나 영화 속에서나 보는 풍경이었다. 어떤 이에게는 하얀 부엌 속 멋진 그릇들, 첨단 싱크대가 눈에 들어왔을지도 모른다. 혹은 여인이 입고 있던 하얀 원피스에 마음이 갔을 수도 있겠다. 그러나 나에게는 밝은 햇살에 아웃포커싱으로 은은하게 잡힌 초록 화분이 눈에 박히었다.

내 젊었을 적 대부분의 여성들은 직장을 갖지 않고 결혼했고 나도 대학 졸업 후 바로 결혼했다. 결혼해서 첫 1년은 시집에서 살았다. 시댁은 내 집이 아니니 내 마음대로 화분을 얹고 어쩌고는 생각도 못 했다. 모든 것은 시어머니 통제 하에 내 대부분의 스케줄도 시어머니의 말씀대로였다. 집안 살림 배우느라 바쁘고 여유가 없어서 다른 아무 생각도 할 수 없었다.

분가해서 난 첫 집에서는 부엌 바깥에 작은 다용도실이 있었고, 거기에는 식료품, 그릇 등 짐이 가득 들어차 있어 화분 놓을 공간이 없었다. 10년 정도 살면서 아이들 유치원도 초등학교도 보내었다. 그러다, 남편이 하던 사업이 어려워져서 집을 은행에 비워주었다.

세를 얻어 나간 산동네 집은 이름 끝에 빌라라고 붙어 있는데 세탁기 하나 제대로 들어갈 자리가 없고 한쪽 벽면에는 비가 새어 곰팡이가 슬어 있는 북향집이었다. 부엌에는 북향으로 난 작은 창 하나가 있었지만 화분 놓을 자리는 없었다. 살림만 하던 나도 생활전선에 뛰어들어 마음의 여유도 시간도 없었다. 창가 화분은 싹 잊었다.

그렇게 여러 해가 흘렀다. 그사이 두어 번 이사를 더 하였다. 아이들이 대학생이 되면서 또 이사를 하게 되었다. 남향집이었고 바깥으로 나 있는 부엌 창이 있었다. 자그만 창틀에 길거리에서 산 초록 잎이 싱그러운 식물을 하나 얹었다. 사면서 들은 대로 사흘에 한 번씩 꼬박꼬박 물을 주었다. 그런데 무엇이 잘못되었는지 시들시들 기운을 잃어갔다. 물이 모자라나 싶어 매일 아침마다 물을 주었으나 회복하지 못하고 죽어버렸다. 살펴보니 잎 사이사이 하얀 벌레가 끼여 있었다. 벌레를 무척이나 싫어하는 나는 부엌 창가 화분을 쉽게 포기해 버렸다.

그 집에서 10년 정도 지낸 후 지금 집으로 이사를 왔다. 2년 넘게 새 집에서 지내는 동안 베란다에서 이런저런 식물을 키워

보면서 식물의 습성을 꽤 알게 되었다. 이번 집 부엌에는 작은 창이지만 창틀이 제법 너비가 있었다. 이제야 부엌 창가에 화분을 얹을 수 있게 되었다. 여러 조건이 맞아진 것이다. 부엌 창가에 약간의 공간이 있고, 밝은 그늘에 알맞은 식물을 골라 잘 키울 수 있는 방법도 알고 또 내 마음에 여유도 생긴 것이다. 드디어 그 자리에 초록 잎이 윤택한 청페페도 얹었다가 터질 듯 탱글탱글한 야로수도 얹었다가 내 나름대로 변화를 주었다. 또 때로는 베란다 정원에서 키우는 꽃을 한두 송이 잘라 유리 꽃병에 꽂아 놓고 느긋하게 감상하였다.

얼마 전에는 늘어지는 선이 예쁜 엘레강스달개비를 그 자리에 두었다. 선이 점점 길게 늘어져 베란다로 내어주며 대신 아이비를 올려놓고는 흐뭇해하며 옆에 있던 딸에게 "부엌 창가에 초록 화분 올려놓는 게 내 꿈이었다."라고 말했다. 뿌듯한 마음으로 드디어 실현한 내 소중한 꿈에 대해 말한 것이었다. 그런데 딸이 "왜 그렇게 꿈이 소박해?" 한다. 순간 나도 모르게 마음이 씁쓸해진다.

물론 이 꿈을 성취하기 위해 내 일생 매진한 그런 종류의 꿈은 아니다. 그냥 내 마음 한켠에 있는 듯 없는 듯 상주했달까. 그러다 가끔씩 의식의 표면에 떠오르는 그런 것이다. 어쩌면 그래서 더욱 소중할 수도 있는 그런 꿈이다. 집안에 화분을 들인다는 것은 우리의 뿌리인 자연을, 햇살의 따스함과 바람의 생명력을 집안에 들이는 것 아닐까. 이는 소박하면서도 어쩌면 인간으로서 가장 궁극적인 꿈이지 않을까. 여자로서 많은 시간을 보내게 되는 부엌에서 자연과 함께하고 싶은 것은 너무나 당연한 것 같다.

부엌의 개수대에서 가스대로 가는 짧은 동선 사이에 가끔 화분에 눈길을 준다. 잠깐 미소 짓고 그리고 일을 계속한다. 다듬고 철벅철벅 씻고 통통 썰고 버무리고 끓이고 지진다. 직장 일이 언제나 즐겁지만은 않은 것처럼 청소하고 밥 짓는 것이 늘 재미있지는 않다. 때로 짜증도 나고 뚜렷한 이유 없이 불안하기도 하다. 그럴 때 나를 보듬어 가라앉히고 안심시켜 하던 일을 계속할 수 있게 해 주는 것이 화분이다.

나에게 힘을 주는 작은 화분처럼, 내가 만들어 내는 조촐한 음식이 바깥에서 돌아오는 내 가족을 따뜻하게 채워 주고 위로했으면 한다. 창가에 화분을 얹으면 북향도 남향이 된다. 따뜻한 음식으로 가족을 맞이하며 작고 불편한 집도 좋은 쉼터가 되어 주길 희망한다.

참 좋은 하루

친구가 꽃구경 가잔다. 지인의 시골집인데 꽃이 한창이라고 했다. 친구 세 명이 나섰다. 시내를 벗어나자 금세 한가로운 시골 분위기로 바뀌었다. 약간 비탈진 산 입구에 위치한 집은 아담하고 평화로웠다.

낡고 무릎 나온 바지에 헐렁한 남방을 걸친 지인이 반겨주었다. 마당에서 풀 뽑다 나왔나 보았다. 동년배의 그녀는 원래 대단한 멋쟁인데 요즘 나무 사고 꽃 사느라 옷 사 입을 돈이 없다고 했다.

평평하게 일구어 놓은 뜰에는 없는 꽃이 없었다. 사랑스러운

빨강 노랑 가고소앵초, 우아하면서도 귀여운 하이얀 스노우플레이크, 색색의 튤립……. 나무도 갖은 종류가 다 심어져 있었다. 지인의 시어머님이 20년 전에 심어놓으셨다는 벚나무에는 흐드러진 꽃이 반 너머 지고 있었다. 산의 경사면에 심어진 커다란 배나무, 백당나무, 버드나무, 집 앞 현관 기둥을 타고 오른 어름나무……. 이미 있던 나무들에 계속 더 보태어 심었단다. 그렇게 넓진 않았지만, 타샤의 정원이 부럽지 않았다.

컨테이너 한 칸만 한 집은 작고 단출했다. 1층은 부엌, 2층은 침실과 화장실이었다. 군더더기 없이 있을 거는 다 있었다. 튀는 색도 화려한 장식도 하나 없이 실내가 예쁘고 편안했다. 가만히 보니 물건 하나하나에 주인장의 내공이 스며있었다. 오래 보아야 사랑스럽다는 나태주 시가 생각났다.

마당에서 직접 뜯은 생야채 한 접시에 된장을 보글보글 끓여, 두어 가지 밑반찬과 함께 점심을 준비해 주었다. 조촐하고 정갈했다.

초대받은 집에서 일손 돕느라 설거지하다가 주인이 아끼는 그릇을 깬 적이 있다. 그 후로는 되도록 남의 집에서 설거지를 피한다. 그러나 파란 하늘과 나무들이 들어찬 창 앞에 서서 설거지가 하고 싶었다. 햇살이 투과하는 커다란 창이 매력적이었다. 창틀에 올려져 말라가는 반쪽 사과도 멋진 장식처럼 보이는 그런 창이었다.

몸이 재바른 친구가 어느새 그릇을 씻고 있었다. 씻을 컵 하나쯤은 남겠지 하며 뒤에서 어슬렁거린다. 그런데 어쩜 그렇게 일을 야무지게 하는지. 그릇을 다 씻은 후 행주로 싱크대를 싹싹 닦고서 하수구 쓰레기까지 비워 쓰레기통에 담는다. 내가 할 게 없잖아 친구야, 그만 나와. 작은 포크 하나가 남아있다. 포크를 집어 물을 틀어 놓고서 천천히 오래오래 씻는다.

잠시 산비탈 오솔길을 산책하고 벚꽃비를 맞으며 돌아왔다.

집 앞 기다란 나무벤치에 지인이 앉고 그 옆에 나란히 세 친구가 앉는다. 지인이 두런두런 나지막하게 이야기를 하고 우리는 가만히 듣는다.

"이거도 친구들이 있어서 이래 좋은 거데이. 내가 이래 가꾸어도 아무도 봐 줄 사람 없으면 뭐가 좋겠노. 새도 오면 주로 친구랑 같이 온다. 한 마리가 와서 울면 조금 있다가 꼭 한 마리가 더 날아온다. 2층 말고 1층을 지었어야 되는데. 2층 창에 부딪혀 다치는 새들이 있어. 지금은 새들도 적응했는지 다치는 새가 거의 없긴 해. …… 여기 앉아 해지는 것 볼 때 차암 좋다. 그때가 제일 좋데이."

우리 모두는 잠시 말이 없다. 아직은 해질 시간이 아닌데도, 다들 함께 앉아 석양을 맞이하는 안온한 기분이 되는 것이다. 오늘 하루 잘 보내고 이제 쉬는 시간이군요. 감사합니다. 만종 속 여인들처럼 마음속으로 기도를 한다. 구름이 흘러가는 산봉우리를 함께 바라보며 나란히 앉아 조용하게 교감하는 순간이다. 어름나무에 앉은 새가 가끔 고요를 깬다.

지긋한 연배가 되어 이제 지족을 아는 우리들이다. 이런저런 산을 넘고 계곡을 건너며 성공도 실패도 해 보았다. 돈이 귀한 것을 아나 또한 돈과 물질이 다는 아니라는 것을 안다. 돈을 쓸 줄 아나 아낄 줄도 알고, 열심히 일하고 또 쉴 줄도 아는 균형 잡힌 여인들이 되었다. 편한 것을 추구하나, 조금은 불편하게 살 줄도 알며, 불편함의 존재 이유를 아는 이들이다.

물론 단점도 많은 우리들이다. 각각 다른 삶의 길을 걸어오며 선택한 나름의 치열한 방어 기제가 누군들 없겠는가. 부족한 것이 인간의 특징이라지 않던가. 어쩌면 단점이 있어 더욱 정답다.

예전에는 사람이 없는 풍광이 좋았다. 요즘은 사람이 있는 경치에 눈이 간다. 꽃 잔치가 벌어진 산기슭에 네 여인이 고요하게 나란히 앉아있는 그림 한 점이 머릿속을 스쳐갔다.

이런 교감의 시간이 자주 있는 것이 아님을, 오래 지속하는 것이 아님을 안다. 그래서 더욱 소중한 순간이다.

자연의 아름다움을 보러 갔다가 사람의 아름다움을 가슴에 담아 온 하루다. 참 좋은 하루였다. 예전에는 가장 귀하고 좋은 것에 '참'이라는 접두사를 붙였다고 한다. '황홀한', '지족의' 등의 수식어를 생각하다 그냥 '참' 좋은 하루였다고 마무리하기로 한다.

파람

모차르트의 피아노 콘체르트 A장조가 한 줄기 바람이 되어 귀를 스친다. 머리가 빙 도는 듯한 현기증에 눈을 감고 온몸으로 그 바람을 맞는다.

마치 활짝 피어 흐드러진 벚꽃 가지 사이로 보이는 푸른 하늘처럼 너무도 현란하다. 천사의 음향임이 틀림없는 선율이다. 모차르트를 시기한 살리에르의 심정이 가슴에 와 닿는다. 창조주 신과 피조물인 인간과의 차이랄까. 천상에서 음악을 관장하던 대신이 옥황상제의 노여움으로 귀양을 왔던 것이나 아닐지 하고 실없는 상상을 해본다.

나에게 있어, 바람은 삶의 마지막 방패이다. 어떤 이가 나무나 우울하여 눈꺼풀 감고 뜨는 것조차 힘이 들 때, 한 줄기 바람이 있으면 그는 살아날 수 있을 거라고 말한 적이 있다.

윤동주는 서시에서 "잎새에 이는 바람에도 나는 괴로워했다."라고 읊었다. 그러나 나는 잎새에 이는 미세한 떨림으로 살맛을 느낀다. 이 세상의 모든 것이 정지돼 버린 듯한 순간, 낮은 풀잎에 스치는 바람 하나가 신의 현존이요, 손길이다. 소리도 없는 풀잎의 미묘한 진동은 내 촉각에 그대로 전해져와, 내 손이, 내 가슴이 그렇게 떨린다. 추위에 얼어가던 몸이 부드러운 마사지의 손길로 되살아나듯, 나도 재생하는 것이다. 그래서 바람은 나에게 있어 구원의 손길이요, 나에게 위로의 의미를 주는 모든 것은 바람이 된다.

모차르트의 멜로디와 함께, 가볍게 떨리는 앵초꽃을 보며, 살아 있으므로 싱그러운 것임을 다시 느껴본다. 특별한 장식품에는 별도의 조명등으로 그 장식품을 강조하듯 어쩌면 미래의 실내 조경에는 인공적인 바람을 낼 수 있는 시스템이 인기를 끌지 않을까. 에어컨과 히터의 사용으로 꽉 막힌 공간에서, 식탁 위 한 송이 장미에 약간의 바람이 스쳐 지나가게 함으로써, 그 떨림으로 그 공간은 다시 살아날 것이다.

푸성귀, 풀잎, 파랑……. 이런 낱말들을 사랑한다. 입을 열어 소리를 내어보면, 입술이 살짝 터지며 싱싱한 소리가 튀어나온다. 가슴에 갇혀있던 어떤 것들이 자유롭게 뛰쳐나오는 느낌이다. 휘파람, 마파람……. 혼자서 소리 내어 보다가는 아! '바람'보다는 '파람'이었으면 좋겠다는 생각을 한다. 파람이라는 발음이 훨씬 자유와 생기가 그대로 살아 있지 않은가.

"파람, 파람……."

바람이 선뜻하다. 서산에 빛바랜 주황색 해가 설핏하다. 모차르트도 천상에서 지상으로 내려와 거역할 수 없는 운명을 실어 나른다.

그게요

아, 속상해요.

그게요,

거미줄바위솔이라는 다육식물이 있는데요,

수년 전에 친구가 나한테 선물해 준 거예요.

1~2㎝짜리 열댓 톨을 줬어요.

자그만 분재 화분에 정성껏 한 톨 한 톨 심어서 주더라고요.

솔방울처럼 생긴 야무진 녀석이 머리 위에 하얗게 거미줄을 두르고 있는 모습이 참 신기했어요.

해마다 줄기를 사방으로 뻗어서 쑥쑥 잘 자라고, 초여름에 피는 분홍꽃도 참 예쁘대요.

번식을 잘해서 금방 바글바글해질 테니 다른 친구랑 또 나누어 가지래요.

수시로 들여다보며 애지중지 물주고 영양제도 줬어요.

근데 수년을 키웠는데도 비리비리 크지가 않아요.

꽃은커녕 자라지도 않고 딱 얼음땡으로 정지예요.

분갈이도 두어 번 해 보고, 햇볕 제일 잘 드는 베란다 창가 특석에 두었는데도 아무런 변화가 없어요. 오히려 점점 더 생기를 잃어 가더군요.

작년 봄, 우리 집에 온 지 5년째에 특단의 조치를 취했어요.

아무래도 야생의 자유가 그리운 것 같아

해 잘 들고 손 덜 탈만 한 곳을 골라 바깥 화단에 심어 주었어요.

하나하나 깊이 심어주고는 가끔 들여다보았어요.

잡초도 제거해 주고요.

바람에 날려 가는 것인지 벌레들 등쌀 때문인지 하나씩 둘씩 사라지더니

딱 세 녀석이 남았어요.

튼실한 세 녀석이 장마도 태풍도 이겨내고 뿌리를 깊이 박고 살아남았어요.

가을이 되니 때깔이 다르게 살이 오르고 윤기가 나더군요.

밖에 심어준 게 옳은 선택이었나 봐요.

너희만 살아남아도 내년쯤 번식하면……

봄볕에 무더기로 핑크빛 꽃들을 피워 올린 모습을 상상하며

혼자 슬며시 미소를 지었어요.

며칠 후

두 놈이 사라졌어요, 제일 작은 한 놈만 남기고요.

누군가 파 간 자국이 있었어요.

이놈들은 뿌리가 튼실하게 박혀 있었기 때문에 그냥 사라질 리는 만무했어요.

그 조그만 놈들을 어떻게 발견했을까요?

잘 숨어 있으라고 주위에 토끼풀과 담쟁이덩굴 바리케이드도 쳐 놨는데 말이죠.

속이 상했어요.

그래도 생각했어요.

예뻐서 파 갔을 테니 잘 돌봐 줄 테지.

새 주인이랑 잘 지내면 된 거지.

남은 한 놈을 오며가며 들여다보았어요.

너무 표 내어 들여다보면 또 손 탈까 무서워서 안 보는 척 슬쩍 슬쩍 보며 다녔어요.

그놈도 점점 건강해지더니 올봄에는 꽤나 커지고 탱글탱글해지더군요.

또 속으로 미소를 지었어요.

어쩌면 이번 봄에 아기들을 가지려나……

그게 사흘 전이에요.

오늘 장 보러 가는 길에 곁눈질로 쳐다보았더니

한창 힘자랑하던 그 녀석이 사라지고 푹 파인 시커먼 구멍만 있었어요.

내 갈비뼈 한가운데에도 딱 고만한 구멍이 난 거 같아요.

시리고 아프네요.

이번에는 또 어떤 눈 밝은 사람이 애써 파 갔을까요?

눈 밝은 사람은,

다른 것들의 사정에도 눈이 밝을 테니 데려간 아이 잘 보살펴 주겠죠?

눈 오시는 날

울지 마라. 서러운 것은 너뿐이 아니다.
지는 꽃은 비명도 없이 고요하지 않더냐.
— 안효숙 〈울지 마라, 너만 슬프냐〉

이럴 때가 있다.

가끔씩 이대로 다 좋은 듯한 때가 있다.

왼쪽으로는 최첨단 기술이 적용된 광안대교가 길게 누워 있고 정면으로는 초고층 해운대 마린시티가 솟아 있다.

그래도 여전히 용호동 앞바다는 원시의 모습으로 출렁인다.

언제나 변함없는 것들이 괜찮아, 라고 말해 준다.

눈이 바다에 소리 없이 내려앉아 합일한다.

아무 말 없이 바다와 하나가 되는 모습이, 내 말을 조용히 경청하고 공감해 주는 친구 같기도 하다.

분분한 눈 한 송이 입술에 내려앉아 가만히 스며든다.

눈은 차지 않다. 이렇게 녹아 스밀 줄 아는 눈은 따스하다.

검푸른 바다도 결코 차지 않다.

언뜻 차게 만져질 뿐. 온 천지의 눈을 다 받아들이는 파란 바다가 얼마나 따스한가.

그 무엇도 밀어내지 않고 받아 주는 바다, 그래서 바다인가.

오늘따라 까마귀가 많이 보인다.

사뿐히 소리 없는 미덕을 가진 눈이 좋은가 보다.

나와 같이 모처럼 오시는 귀한 손님을 맞으러 나왔나 보다.

꼼꼼하게 세수를 한다.

로션도 구석구석 정성껏 발라준다.

어쩐지 그래야 할 것 같다.

때로 하루 종일 얼굴에 물을 묻히지 않고 지내는 날도 있지만 오늘은 그래서는 안 될 거 같다. 고요하게 눈이 오시는 날은 나도 정갈해야 한다.

소나무에 내리던 맑은 눈과 검푸른 바다에

고요히 스며들던 하얀 눈을 떠올리며 초록 목폴라에 파란 스웨터를 껴입는다.

하얀 눈이 내게도 스며들기를 바란다.

나초칩에 망고살사소스를 준비한다.

추운 겨울날 정열적인 열대지방 음식이 생각난다.

눈 내린 듯 포근한 한 잔의 카푸치노를 더한다.

4부

가르치는 것이 가장 좋은 배움의 방법이라더니
어쩌면 키우는 것이 가장 좋은 크는 법인지도 모르겠다.

옵튜샤

옵튜샤에 눈이 머문다. 오동통한 초록 잎이 아침 햇살을 받아 투명하다. 처음 우리 집에 왔을 때는 한 몽우리뿐이었는데 이제는 여남은 개로 늘어났다. 키는 여전히 납작하고 몽우리 크기도 많이 작아졌지만 훨씬 단단해지고 개수를 늘려 제법 번성하다. 들여온 초기에 검게 죽어 가던 모습이 떠오른다.

수년 전 다육농원을 친구와 처음 방문하였다. 비슷비슷한 다육식물들 속에 특이한 모양새와 색상으로 눈에 뜨이는 것이 있었다. 투명한 연둣빛 도톰한 잎 속에 짙은 초록빛 선들이 실핏줄처럼 얽혀 있어, 마치 에메랄드가 알알이 박힌 브로치 같았다. 탱글탱글 빛나는 옵튜사의 모습에 순식간에 혹하였고 친구는 그것을 나에게 선물해 주었다. 고이 집으로 모셔와 바람 잘 들고 햇볕 좋은 창가에 두었다.

영양제도 물도 열심히 주었고 빨리 크라고 아래 잎도 떼어 주었다. 그런데 어느 날, 에메랄드 같던 그 모습이 검게 변하여, 통통하던 알맹이가 줄어들며 쭈글쭈글 금방이라도 녹아 없어져 버릴 듯했다. 영양이 부실했나 싶어 비료도 주고 물도 더욱 신경 써서 주었다. 그러나 아무 소용이 없었다. 건강할 때는 가끔 비료를 주면 쑥 자랐고 물을 주면 통통하게 살이 오르곤 했는데 계속 살이 빠지기만 했다. 인터넷 다육사이트에 가입하여 질문방에 사진과 함께 옵튜사를 살려 달라는 사연을 올렸다.

어느 분이 답을 올려 주었다. 옵튜사는 직광보다 그늘을 좋아하니 밝은 그늘로 옮기고, 아래 잎을 너무 많이 정리해서 몸살을 앓고 있는 것 같으니 당분간 영양제와 물을 줄이고 푹 쉬게 해 주라고 했다. 답변에 감사하며 얼른 그늘 쪽에 옮겨 정양시켰다. 매일 들여다보아도 여전히 살아날 기미가 보이지 않았다. 안달을 하며 한 달이 지난 어느 날 여윈 몸에 살짝 살이 오른 것같이 보였다. 그것을 시작으로 조금씩 회복하여 석 달 후에는 통통한 몸매와 싱그러운 초록을 회복하였다. 옵튜샤에게 필요했던 것은 그늘로 옮겨서 쉬게 해 주는 것이었지 영양제나 물을 더 주는 것이 아니었다.

젊었을 때 좋은 엄마가 되고 싶은 열망은 컸으나, 어떻게 해야 되는지를 몰랐다. 불안해서 다른 엄마들이 하는 것을 모두 따라 했다. 미술학원을 보내고 영어학원, 피아노학원을 보냈다. 옆집에서 좋은 피아노 선생님을 모셔서 집에서 개인교습을 한다고 하면 나도 학원을 끊고 집에 선생님을 모셨다. 과한 교습비를 지출하는 것도 아이를 위해 감수했다. 숙제로 받은 연습을 혼자서는 안 해서 매일 내가 옆에 앉아 다섯 번, 열 번 세어 가며 연습시켰다. 때로는 매도 들었다. 딸애의 불만에 가득 찬, 그러나 어쩔 수 없다는 듯 축 처진 모습이 계속 이어졌다. 그러다 어느 날 울고 불며 더 이상 안 하겠다는 아이의 고집에 레슨을 그만두고 말았다. 학교공부에도 별 재미를 붙이지 못하였다. 나는 도대체 애가 잘할 수 있는 게 뭘까 하고 아이만을 탓하였다.

딸아이가 중학교에 다니던 중, 우연히 상담교육을 접하게 되었다. 거기서 아이가 아니라 엄마인 내가 잘못하였다는 것을 알게 되었다. 나에게 꼭 필요한 교육이라고 생각하여, 좋은 부모교육을 찾아다니며 나 자신을 바꾸어 갔다.

공부를 하게 하려면 동기부여가 먼저라는 것, 그다음에는 본인이 스스로 하는 것이지 욕심으로 강요해서 되는 것이 아니라는 것, 엄마는 동기부여의 기회를 만들어 주어야 하며, 그 옆에서 알맞은 환경을 조성해 주는 보호자란 것을 배웠다. 집은 쉼터가 되어 재충전할 수 있는 공간이 되어야 하며 그러려면 먼저 집이 돌아오고 싶은 행복한 장소가 되어야 된다고 했다. 아이가 말하고 싶은 것을 귀 기울여 들어주고 잘하는 것을 칭찬해 주고 함께 놀아주는 것이 엄마의 역할이지, 야단치고 때리는 것이 아니라고 했다.

나 자신을 돌이켜 보았다. 한창 신나게 놀아야 할 아이를 온갖 공부를 시키며 그늘에 두어야 할 아이를 쨍쨍 내리쬐는 햇볕에 두었다. 끝없이 예복습을 시키며 안 한다고 야단치고 못 한다고 매 들며 욕심껏 영양제를 주고 아래 잎을 떼어내며 닦달했다. 옵튜샤가 지나친 햇볕과 영양제 속에서 마르고 검게 타들어 가듯 아이는 내 욕심 속에서 쉬지 못했고 행복하지 못했다.

아이의 성적에 욕심을 버렸다. 아니, 버리려고 끊임없이 노력했다. 나 자신과 수시로 싸워야 하는 끝없는 고행의 길이었다. 욕심이란 것이 결심한다고 버려지는 것이 아니었으니까. 일요일이면 격주로(남편과 아들도 있으니까 매주는 불가능했다.) 딸과 내가 둘이서 노는 시간을 가졌다. 둘이 영화도 보러 가고 갖고 싶어 하는 것을 하나씩 사 주기도 했다. 떡볶이나 자장면을 함께 사 먹으며 이야기도 하였다. 딸과의 동행은 쉽지 않았다. 틀어져 따로 들어오는 날이 부지기수였다. 딸에게 실망하고 나 자신에게 절망하는 나날들이었으나, 지속적인 부모교육으로 재충전해 가며 노력을 계속하였다. 2년, 3년 시간이 흐르며 딸과의 틈새는 차츰 줄어들었고, 10여 년이 지난 지금 딸애는 자신이 원하던 직장에서 제 몫을 다하는 어엿한 대한민국 성인이다. 무엇보다 내 가장 좋은 친구이기도 하다.

언젠가 나에게도 손자가 생길 것이다. 아마 내 딸도 초보 엄마가 되면 나처럼 욕심을 부리고 조바심을 내게 될지도 모른다. 그러면 옵튜샤 키우던 이야기를 해 주어야겠다. 옵튜샤를 키웠던 일이 나뿐만 아니라 딸애에게도 간접교훈이 될 듯하다. 가르치는 것이 가장 좋은 배움의 방법이라더니 어쩌면 키우는 것이 가장 좋은 크는 법인지도 모르겠다.

아들아, 고맙다

아들아, 여기까지 왔구나.

세월 흐르면 어른이 된다지만, 생과 사의 고비 몇 번 넘기지 않은 어른이 어디 있더냐. 다들 하는 결혼이라지만, 그리 쉽게 되는 결혼이 어디 있더냐. 스물, 서른, 무사히 지나 오늘 네 결혼식을 올려 참 기쁘다. 이제부터 진짜 생활이 시작이다만, 현명한 너희들을 믿고 내 마음 편히 내려놓으려 한다.

아들아, 고맙다.

너는 내 기쁨이고 휴식이었다. 누나를 가졌을 때는 첫째라 그런지 잘 키워야 한다는 의무감과 압박감이 컸었다. 나 자신에게도 누나에게도 힘든 요구를 하느라, 기쁨보다는 스트레스가 많았다. 이런 부담감을 다 내려놓고 만난 너는 너의 존재 자체로 행복감을 주었다.

어질고 착했던 너는 학창시절도 무던하게 잘해 나갔다. 초등학교에서는 고만고만하더니 점점 공부를 잘해서 고등학교 진학 후에는 1등을 하더구나. 성장해 가는 네 모습에 나도 힘을 얻고 어려운 세월을 지탱했다. 힘든 대학 진학도 무난히 하여 지금 사회에서 한몫을 하고 있는 네 모습이 얼마나 자랑스러운지.

내 가장 큰 목표는 두 자녀를 잘 키우는 것이었다. 집집이 몸과 마음이 건강한 아이를 키워낸다면, 그만큼 국가에 공헌하는 일이 어디 있느냐고 생각했다. 동시에 그것이 내가 세상에 태어난 기본 책임은 다하는 것이라고 여겼다. 그랬는데 이렇게 잘 커 주었구나. 청출어람이라더니 부족한 것이 많은 나한테서 이렇게 멋지게 자라줘서 너무 고맙다.

미안하다, 아들아.

너는 어릴 때부터 말수가 적고 책임감이 강했다. 아무 말 없이 네가 잘해내다 보니 더욱 큰 짐을 네 몫으로 지워주었다. 너에게 하지 말았어야 될 말을 하고 하지 말았어야 할 행동을 했다. 엄마도 부족한 사람이라고 인정해 주면 좋겠다.

어쩌다 보니 어른이 되듯, 어쩌다 보니 엄마가 되어 있더구나. 엄마로서의 자격이 많이 모자란 나였다. 지금 생각해 보면 부모자격시험이라도 있어야 되는 것 아닌가 싶다. 가슴이 아프다. 낫지 않는 멍이다. 참 너를 힘들게 했구나. 믿는다는 것은 힘들게 하는 것이기도 하더라. 용서하여라.

그 외에도 내가 너를 힘들게 했던 모든 것, 다 함께 용서해다오.

아들아, 나 좀 봐다오.

늙어가는 것은 하나씩 둘씩 다시 부족한 아기가 되어가는 것이다. 예전처럼 빨리 배우지 못하는 내 모습에 자존심이 상한다. 마음으로는 뻔한 단어인데 머리에 떠오르지 않아 말을 잇지 못할 때 스스로 주눅 들고 한심하다. 번거롭더라도 두 번 세 번 말해주고 두 번 세 번 다시 가르쳐다오.

컴퓨터 하다가 안 되어 너한테 물었는데 자상하게 방법을 가르쳐 주더구나. 다음에 다시 물으니 그렇게 열심히 설명해 준 걸 어떻게 잊었느냐는 듯 어이없다는 표정으로 "그냥 제가 해 드릴게요." 하고는 입을 다물어 버리더구나. 나는 한 번 더 설명해 주었으면 했는데 말이다.

네가 어릴 때 조그만 너를 품에 안고 단어 하나를 가르치려고 10번 20번을 말해 주었단다. 그렇게까지는 바라지 않는다. 세 번까지만 해 주면 안 될까. 되도록 혼자 해결하려고 최대한 노력하고 그래도 안 되는 것만 물을게.

아들아,

사랑스러운 배우자와 함께 둘이 서 있는 모습이 정말 든든하다. 벌써 손자 볼 날이 기다려지는구나. 참 좋은 하루였다. 고맙다.

무명씨 선인장에게

아유, 네가 거기 있었구나. 맞다. 꺼내서 밥 먹이고 거기 그대로 두었구나. 참 가관이다. 볼품없는 누런 가시들이 사방으로 뻗어서 네 몸을 온통 덮어버린 데다 둥글어야 할 몸이 살짝 웃자라 위로 삐죽하게 올라와 있구나. 영양실조인지 전체적으로 비리비리하고.

이 까칠한 것아. 도대체 넌 이름이 뭐냐. 네 본 모습은 어떤 것이고. 너의 정체를 알려 주어야 네게 맞게끔 내가 돌봐 줄 텐데. 시간 날 때마다 인터넷이랑 여기저기 뒤져봐도 딱 너 같은 건 없으니. 가시 많은 선인장은 엄청 많은데 딱 너 닮은 모습의 친구는 못 봤어. 홍채각, 축옥, 금강환 등등 많고 많은 선인장 속에 너는 찾을 수가 없어.

네 모습을 보여주지도 않고 그렇게 무성한 가시 속에 숨어 있기만 하니 도대체 네가 배가 고픈지 아닌지도 모르겠고. 그걸 알아야 밥을 주지. 배고프지 않은데 주면 계속 받아먹다 과습으로 죽어 버릴 테고. 고픈데 안 주면 영양실조로 죽을 테고. 너만 보면 내가 참 걱정이다.

거기다 이쁘다고 – 사실 이쁘지도 않어, 얘, 누런 가시만 삭막하구만 – 한 번 쓰다듬어 보려면 나를 찔러버리니, 참. 그러지 말고 가시에 조금만 힘 빼면 안 되냐. 좀 보들보들하기만 하면 내가 살살 헤쳐 보고 속살을 살피고 만져 보면서 너를 진단할 수 있을 텐데. 젤리처럼 말랑말랑하면 배고픈 거고 돌처럼 단단하면 배부른 거잖아.

우리 집에 온 지 얼마나 되었더라. 아 올여름에 울 아버지 집에서 쫓겨났으니 벌써 반 년은 되었나. 너에게 관심 주어 살리고 싶어서 내 앞에 두었더니 지나가는 내 손길을 네가 확 찌르더구나. 우리는 가까이 있으면 안 되겠구나 하며 제일 안쪽 벽 바로 앞을 네 자리로 바꾸어 주었지. 섭섭해 하지 말아라.

존재와 존재 사이에는 알맞은 간격이란 것이 있더구나. 그것이 좁혀지면 어느 쪽도 의도하지 않았는데 서로 다치게 하고 아프게 하고 그렇더라. 사람 사이도 그렇데. 북두칠성 일곱 별이 각각 알맞은 간격을 유지하고 있어서 북두칠성이 길도 가리켜주고 또 그렇게 아름다운 거 아니겠니. 전에 어디선가 읽은 적이 있는 거 같아. 밤하늘이 아름다운 것은 별들이 간격을 지키고 있어서라고. 아니다. 숲이 아름다운 것은 나무들의 간격 때문이라는 글을 어디선가 읽었구나. 그걸 내 머리가 나도 모르게 요렇게 바꾸었네. 숲은 하늘로, 나무는 별로.

사람 머리란 것이 참 요상한 것이여. 요즘은 내가 맞다고 함부로 주장을 못 하겠다니까. 하도 내 머리가 내 의사와 상관없이 인식을 해 버리니깐. 전에는 나도 꽤나 고집스러웠지. 악착같이 내가 맞다고 씌우고 우기고. 이제는 누가 반대 의사를 표하면 '아, 그래요?' 하며 얼른 꼬리 내릴 때가 많단다. 어쨌든 요는 섭섭해 하지 말라는 거야. 너를 멀리 두었다고. 그렇다고 내가 너를 다른 식물보다 덜 사랑하는 건 아니니.

그놈의 가시 땜에…… 그러나 가시를 제거해 버리면 너는 네가 아닐 테니 확 잘라 버릴 수도 없고. 그냥 갖다 버리고 싶을 때도 있다만, 그것도 못 하겠고. 미련 때문에. 아니, 내가 미련해서인가.

너 알지. 그때 아버지 집에서 두 선인장이 내침 받아서 우리 집에 왔지. 도대체 2년이나 물을 주고 키웠는데 조금이라도 크긴 커녕 매일 배실배실하니 내칠 만도 하지. 나한테 고마워해. 먼저 주인이 내다 버리라는 걸 내가 들고 와서 이렇게 안달해 가면서 신경 써서 물 주고 있으니까. 아니 그때 버려버리지 왜 가져와서 생색내냐고? 너도 더 살고 싶지도 않았다고? 야, 그러지 마. 너랑 나랑 한 2년 살고 나면 이제 서로 정들 거고, 그러고 나면 너도 행복해서 계속 살고 싶을 거야. 너 좋아하는 바람이 잘 들게끔 창문 앞에 두었잖아. 너 추울까 봐 창문도 아침이면 열어주고 저녁에 닫아주고. 해도 그만하면 꽤 들고.

처음 왔을 때 한 달에 한 번 물을 주었더니 네가 삐죽하니 웃자라는 것 같아 계속 굶겨 봤지. 그러면서 혹시 네 살이 쪼글쪼글해지며 살이 빠지는지 관찰을 했지. 그럴 때 물을 주면 된다더라고. 그런데 도대체 그럴 기미가 안 보여서 이번에 두 달 만에 그냥 줘버렸지. 근데 먹여줘도 통통해지지도 않네. 굶겨도 먹여도 도대체 포커페이스만 유지하면 나더러 어쩌란 거냐. 포커페이스는 비즈니스할 때나 써야지 왜 너 하고 나 사이에 사용하냐. 우리 사이에 필요한 건 소통이란다. 요즘 개나 소나 좋아하는 그 소통을 너는 참으로 싫어하는구나.

참 너랑 같이 울 집에 온 그 친구는 나랑 3달 지내고 다시 아버지 집에 금의환향했잖아. 걔는 포커페이스와는 거리가 멀었어. 조금 배가 고프면 허리를 접더구나. 거기다 가시가 짧아서 만지게도 해 주더구나. 허리 접히고 말랑말랑할 때마다 밥을 좀 푸지게 줬더니 2달 후에 몰라보게 통통해지고 키도 크고 아기들까지 순풍순풍 낳아서 전 주인에게 보란듯이 돌려줬단다. 전 주인도 깜짝 놀라며 아, 내가 물주는 법을 몰랐구나 하며 다시 사이좋게 잘 지내고 있단다. 너도 걔 좀 닮아 보렴.

이제 겨울이네, 겨울에는 아예 굶기는 것이 낫다고 해서 너 이제부터는 한 3달간 내내 단식이다. 이 겨울 푹 동면하고 나면 새봄에 물 줄게. 그때에는 뭔가 의사표시를 좀 해다오. 살 빠진 조글조글한 모습으로 말이야. 나는 배고파요, 라고. 그리고 물먹고 나면 배불러요, 고마워요 하며 윤기 나고 탱탱한 모습도 좀 보여주고. 늘 너무 멀리 있으니 밥 먹은 지금은 한 며칠 여기 있으며 나랑 눈 좀 마주치자꾸나. 스킨십은 못 하더라도.

미니 식빵

유난히 추웠던 이번 겨울, 일본에 온천여행을 갔다. 후쿠오카에 가까운 신흥 온천지역인 유후인을 가게 되었다. 관광객들이 넘치는 큰길을 쏘다니다, 그 길을 벗어나 골목으로 들어가 보았다. 조촐한 미용실, 가게 앞쪽에 파와 무 같은 몇 가지 야채와 두부 등을 놓고 파는 구멍가게도 있었다. 조금 더 걸어가니 조그만 빵집이 하나 나왔다. 현관 앞에 작은 게시판이 하나 세워져 있었고 거기에는 "매일 12시에 주인이 직접 구운 빵이 새로 나옵니다."라는 글이 써져 있었다. 시계를 보니 오후 2시경이었고 지금쯤이면 아직 갓 구워서 맛있겠다 싶었다. 어차피 다음날 아침 식사용으로 빵이 필요하기도 했다. 마침 파란 미니쿠페가 한 대 와서 서더니 편안한 차림새의 여인이 운전석에서 내려 들어갔다. 저런 차가 와서 살 정도면 분명히 맛있을 거야 하며 우리도 들어갔다.

미니쿠페에서 내린 여인과 또 한 명의 손님이 빵을 고르고 있었다. 오른쪽에 진열장이 있었고 페이스트리, 미니 식빵, 크림빵 등 모두 7가지 종류의 빵이 각각 네댓 개씩 진열돼 있었다. 얼마 안 되는 빵 중에서 몇 개를 골라 포장해 달라고 하고는 커피 한 잔을 들고 그 안쪽 의자에 앉았다.

세상의 상품화된 모든 의자 중 가장 소박한 의자일 것 같은, 동그란 판자에 다리 4개 붙어있는 작은 의자에 앉아, 역시 이 세상의 상품화된 모든 테이블 중 가장 소박한 테이블일 것 같은, 기다란 네모 판자에 다리 4개 붙어있는 테이블 위에 커피를 놓고 주위를 둘러보았다. 둘러볼 것까지도 없이 하얗기만 한 벽에, 부채 모양으로 둥글게 펼쳐진 계량스푼 세트가 들어있는 액자가 하나 붙어있다. 스푼에는 캐나다라는 글자와 주인의 이름이 새겨져 있다. 그 옆에는 하늘에서 드리운 빛의 커튼처럼 일렁이는 초록색 오로라 앞에서 두꺼운 파카를 입고 찍은 주인의 사진이 있다. 아마도 하늘에 가득한 신비한 오로라는 그녀의 초록색 꿈의 형상화된 이미지이리라고 혼자 짐작해 본다. 스푼액자는 아마도 캐나다에서 제빵공부를 마치고 수료증과 함께 받은 기념품일 테지. 사진은 캐나다에서 여기저기 여행하며 찍은 사진들 중 선택된 한 장이겠지.

다음 날 아침 숙소에서 요구르트와 함께 먹은 빵은 아주 맛있었다. 특히 미니 식빵의 맛이 일품이었다. 볼록볼록 두 덩어리가 붙은, 내 손바닥보다 살짝 작은 귀여운 식빵이었다. 알맞게 쫄깃한 빵의 질감이 안에 박혀 있는 큼직한 견과류의 고소함과 잘 어우러졌다. 씹을수록 입안에서 견과류와 빵이 섞이며 깊은 맛을 내었다. 입안에 퍼지는 고소한 풍미로 보아 견과류도 좋은 품질이 틀림없었다. 달지도 부드럽지도 않으면서 씹을수록 더욱 맛을 내는 미니 식빵은, 화려하지도 크지도 않으면서 빵 맛은 기가 막힌 빵가게와 닮았다.

예전에 이런 비슷한 가게를 묘사한 소설을 읽은 적이 있다. 커피와 샌드위치를 파는 가게였는데 신선한 원두를 소량만 구입해 만들어서 하루에 받을 수 있는 손님이 몇 명 없었고 준비된 게 다 팔리면 그걸로 그만이었다. 샌드위치도 최상의 재료를 구입해서 까다로운 자신의 레시피대로 정성 들여 준비한 5인분이 다 팔리면 문을 닫아버렸다. 읽으면서 이건 소설이다, 허구일 뿐이다, 라고만 여겼다.

'아마 작가가 이런 커피집을 하고 싶다고 생각한 그대로 한 번 써 봤겠지. 실제로 이런 집은 있을 수 없지. 유지가 안 될 테니.' 그렇게만 생각했는데 그런 집이 실제로 내 눈앞에 나타난 것이었다. 자신의 초록색 꿈과 자신의 소박한 공간을 가진 주인이 자신만의 맛있는 빵을 굽는 빵 가게. 이런 집이 존재한다는 것이, 그 존재를 확인했다는 것이 기뻤다.

가슴이 두근거렸다. 어쩌면 소설이란 허구에 지나지 않는 것이 아니고 이처럼 이 세상 어느 곳에서 소설의 내용이 그대로 일어나고 있는 것인지도 모른다. 작가의 어떤 상상도 모두 실제 일어나는 일일지도 모른다.

언젠가 세상살이가 단조로운 흑백으로 변할 때 다시 한 번 그 빵집을 찾아보고 싶다. 초록빛 오로라 사진을 보며 미니 식빵을 우물거리면서 다시금 내 가슴의 두근거림을 되찾을 수 있을 것 같다.

〈미니 식빵〉 영역판

Mini Brioche

번역 김나영

It was an unusually cold winter, and I went on a trip to a town in Japan, called Yufuin. It is a popular Onsen (spa in Japanese) town in Japan that has gotten popular relatively recently in Korea. I walked into a small lane after wondering around the main streets full of tourists. There were a small barbershop, a grocery shop with vegetables like onions and radishes, and tofu staked in the corner.

Walking a bit further, I found a small bakery. There was a sign at the front door saying “12a.m., newly baked bread everyday” I looked at the watch and it was around 2p.m., and reckoned the bread would still be nice and fresh. I needed to buy something for breakfast tomorrow anyway. Just then, a blue mini cooper stopped in front of the bakery and a woman in a comfortable and simple dress went into the bakery. I walked into the bakery too, thinking I could trust her taste.

Inside the bakery, besides the woman from the mini cooper, there was one other customer choosing bread. The showcase was on the right, displaying 7 different kinds of bread including pastries, mini brioche, and bread with cream. I picked up some bread among the not-so-many choices presented and a cup of coffee, then sat on a chair in the corner.

Sitting on a four-legged flat circle wooden board, while thinking that this could be the simplest chair commercialized in the world, I put my coffee on the simplest table on earth - a rectangular panel with just 4 simple sticks attached to it - and looked around the shop. There was nothing much to see. On the plain white walls, there was a frame with a set of measuring spoons spread like a fan. Engraved in the spoons were the word Canada and the name of the bakery owner. Next to it was a picture of the owner wearing a thick winter jumper in front of a green aurora. The aurora looked like a shiny curtain made of light drown from the dark night sky. I figured that the aurora filling the sky was an image of her green coloured dream. The frame with spoons in it had to be the memento with the diploma from a baking school in Canada. The picture was probably representing one of the memories of her travel around Canada.

Next morning, I had the bread with yogurt I got from a grocery store nearby, and it was delicious. The mini brioche, in particular, was brilliant. It was a cute little bread with two small pieces of dough attached together, slightly smaller than my palm. Just chewy enough and big chunks of nuts inside gave it a perfect texture. While munching on it, the nuts and bread mixed in my mouth to make the balance just right. I could tell from the rich flavour filling up my mouth, that the nuts were fresh and good quality. It was not too sweet and not too soft, while it tasted better the more I chewed. It reminded me of the bakery which was not big or too extravagant but nevertheless made great bread.

Once, I read a book about a shop like this. It was a shop that sold coffee and sandwiches but the owners bought only a small quantity of coffee beans so they could only serve a limited number of customers. After they sold out of the stuff they prepared, they closed the shop. It was the same with the sandwiches. After preparing the best ingredients to make five sandwiches with their own recipe, when they were sold out, that was it. They closed the shop for the day.

Reading it, I thought to myself, the writer probably wrote about a coffee shop which she wanted to run. There is no way this can actually exist. No one would be able to make profit out of it. Nevertheless, it existed! It was in front of my eyes, just like that. A bakery where an owner with her green dream; a little place of her own where she bakes her delicious bread. I was delighted about the fact that this place existed and I witnessed it myself.

I could feel my heart pounding. Maybe fiction, after all, is not a mere fabrication of imaginary stories but it can be a story about something that is actually happening somewhere in the world. Anything out of the imagination of the writer, could be something that is actually an account of something real.

Someday in the future, when my life becomes a monotonous black and white, I want to visit that bakery again. There, munching on a mini brioche and looking at the picture of that green aurora, I will be able to feel my heart beat again.

* 딸이 호주 친구에게 보여주고 싶다고 이 글을 영역해 주었습니다.

신문지처럼

멋지다! 제목을 듣는 순간 입에서 터져 나온 말이다. '오늘은 신문처럼, 내일은 신문지처럼'. 빛나는 단 하루의 삶을 살고 나면 바로 허드레 종이 쪼가리가 되어 버리는 신문을 이렇게 압축하여 표현하다니. 지인이 전날 조간신문에 난 모 수필가의 에세이가 좋더라며 제목을 말하자마자 벌써 나는 감탄해 버린 거다. 스크랩해 온 신문조각을 받아 든다.

창가로 비쳐드는 아침 햇살과 신문, 그리고 향이 그윽한 원두

커피 한 잔, 이것이 우리 집 '아침 3종 세트'이다. 오늘의 기사가 궁금한지 내가 펼치는 면마다 햇살이 저 먼저 고개를 드민다. 키가 작은 커피 잔도 계속 하얀 김을 전령으로 내보내며 소식을 기다리는 눈치다. 신문에 쏠리는 눈들이 아침을 더 팽팽하게 당기고 있다.

제목만큼이나 서두가 내 기대에 부응한다. 새로운 소식을 전해주는 신문의 주목받는 역할을 이렇게 다른 새것들 – 새아침, 새햇살, 새로 내린 커피 – 과 함께 배치하여 한껏 감각적으로 묘사하고 있다.

신문은 그날이 지나가면 '신문지'가 된다. 이게 또 매력덩어리다. 신문이 갓 시집온 새댁 같다면 신문지는 살림꾼이 다 된 아낙과도 같다. 못 하는 게 없고 가리는 일이 없으며 궂은일일수록 두 팔을 걷어붙인다. 콩나물이나 멸치를 다듬으려고 할 때, 어쩌다가 주방 바닥에 식용유를 쏟았을 때……. 신문지가 우리 집 해결사다. 구겨지고, 접히고, 잘리고, 뭉쳐지면서 제게 맡겨진 일을 잘도 해낸다.

신문을 새댁에, 신문지를 살림꾼 아낙에 비유하며 신문지가 하는 일들을 나열한다. 참 적절한 비유다. 젊었을 때는 주목받는 '신문'이었지만 곧 잊혀진 '신문지'의 삶을 산다고 한다. 이어 자신이 활기차게 교사 생활했던 새댁시절을 '신문'에, 아이들을 위해 직장을 그만두고 집안에 들어앉게 된 후를 '신문지' 시절로 비유한다. 구겨진 신문지 생활의 서글픔을 해결사의 열정과 유능함으로 승화시킨다.

며칠 전이었다. 전신거울 앞에 신문지를 여러 겹 방바닥에 깔고 그 위에서 구두를 신었다. 외출옷으로 갈아입고 어울리는 구두를 고르기 위해서였다. 무심히 구두를 내려다보는 순간 구두 아래 깔린 신문지가 눈에 들어왔다. 가슴이 쿵 하고 내려앉았다. 중요한 소식, 첨단지식, 창조적인 아이디어를 세상에 알리는 역할을 하다가 그 역할이 끝나자마자 순식간에 가장 밑바닥이 되는구나. 내 가장 낮은 위치에 있는 신발보다 더 아래에서 짓눌리고 있구나. 곧 재활용으로 분류되어 짓이겨져서 사람들의 냄새 나는 뒤처리를 해주는 두루마리 휴지가 되겠지.

신문의 수직 추락이 가슴 아팠다. 벌레보다 더한 하루살이 생이다. 무엇인들 추락하지 않으랴마는 신문은 그 추락의 속도가 너무

빨랐다. 신문에는 이 세상의 모든 것이 다 들어있다. 진리와 허구가, 선과 악이 들어 있고, 첨단 과학과 가장 비과학적인 종교가 함께 있다. 한 국가의 최고 지성들이 발로 뛰며 머리를 쥐어짜서 만들어 낸다. 알게 모르게 독자에게 큰 영향을 미친다. 다만 단 하루에 불과하다. 이튿날이면 한구석에 밀쳐져 자리만 잡아먹는 애물단지가 된다. 재활용 수거일이면 무거워서 또 구박덩어리 신세다. 이런 드라마틱한 생도 더는 없을 거 같다.

언젠가 신문에 대해 한 번 써야겠다고 생각하며 외출했다. 그리고는 잊었다. 그런데 오늘 이 글을 접한 것이다. 묘사와 비유, 자연스러운 전개도 더없이 좋았다. 그러나 내가 더욱 감탄한 것은 신문은 그날이 지나가면 신문지가 되고, 이게 또 매력덩어리라는 작가의 해석이다. 참 따뜻하고 긍정적인 시각이 아닌가.

작가는 '해결사 신문지'라는 타이틀을 붙여 준다. "소포 상자에 남은 빈 공간도 채우고, 한쪽으로 기운 가구도 접힌 신문지가 야무지게 평형을 맞춘다." 집안의 온갖 궂은일을 척척 다 해내는 변신을 보여준다. 작가의 품이 넉넉하고 세상을 보는 시야가 넓으니 이런 글이 나올 게다. 좋은 글을 쓰려면 역시 먼저 마음 그릇을 닦고 키워야 하나 보다.

작가는 결미에서 “잘 살다 간다는 것은 신문지처럼 자신이 가진 것을 이 세상에 다 내어주고 홀가분하게 떠나는 삶이 아닐지. 오늘은 신문처럼, 내일은 신문지처럼 살다 가는 것은 어떨까.” 하고 마감한다.

자녀가 장성하여 그들을 키우는 의무에서 벗어난 지금은 내 남은 생을 덜 불편하게 사는 데에 신경을 쓰고 있었다. 여기저기 고장이 나기 시작한 내가 언젠가 자리만 차지하는 애물단지 신문지 취급이나 받지 않을지 염려도 되었다. 그런데 작가는 모든 것 다 내어주는 홀가분한 떠남을 얘기한다. 과연 신문지처럼 자신이 가진 것을 이 세상에 다 내어주고 홀가분하게 떠나는 삶은 어떤 것일지 천천히 생각해 보기로 한다. 우선 나에게 무엇이 남아 있는지부터 찾아봐야겠다. 그래야 내어줄 수 있는 것도 찾아질 테니.

방 한구석에 쌓여 있는 신문지를 본다. 대기해 있는 믿음직한 해결사를 보는 내 눈길이 든든하다.

길

길이란 나에게 있어 항상 숨찬 대상이다. 다른 이들은 한 번만 갔다 와도 다 아는 길을 나는 대여섯 번을 왕복해도 더듬더듬 겨우 찾아낸다. 일컬어 길눈이 어둡다고들 한다. 특히 요즈음의 지하도는 정말 어지럽고 피곤하다. 왜 그렇게 모든 출구가 똑같아만 보이는지. 수많은 사람이 잘도 흘러나갈 때, 나만 우왕좌왕하곤 한다.

남들 다하는 운전을 나도 한번 해보려고 면허를 땄다. 필기시험이라면 그런대로 자신 있는 편이고, 실기도 생각보다 쉬워 재시험

없이 합격을 했다. 연수만 하면 되겠다 싶어 거리로 나갔다. 그런데 신호등의 불빛이 모두 겹쳐 보여 구분이 되지 않았다. 중앙선에 서 있는 사람은 거인만큼이나 커 보여 도저히 피할 수 없을 것 같았다. 이 정도의 당황과 불안감뿐이었으면 그래도 운전을 계속했을 것이다. 결정적인 것은 길눈이 없다는 것이었다. 몇 번 그 길을 다니고 나면, 그다음의 길과 신호대가 머릿속에 환히 떠오른다는데, 나에게는 그것이 안 되는 것이었다. 연수 20시간 후 운전을 손에서 놓아 버렸다.

눈에 보이는 길뿐 아니라, 보이지 않는 삶의 길도 나에게는 참으로 벅찬 대상이다. 눈에 환히 보이는 길도 제대로 찾지 못하는데, 하물며 보이지도 않고 만져지지도 않는 길임에야 더 말할 나위가 없다. 어떤 이는 캄캄한 숲 속에서도 잘도 찾아 나아가고, 또 어떤 이는 어느새 널따란 신작로를 찾아내어 편히 가기도 한다. 이제 내 옛 길친구들은 거의 다 좁은 숲 오솔길에서 벗어나 밝고 큰길로 가고 있다. 그러나 나는 지금도 산속에 남아 오솔길마저 잃었다. 가시에 긁히며, 돌부리에 걸려 넘어지기도 한다.

상처 입어 아플 때 이 숲에서 벗어나 버릴까 한다. 저기 하늘에서 나를 구해 주려는 헬리콥터 소리가 들리고, 구조원이 찾는 소리도 들린다. 그 구조의 손길을 잡고 이 자리를 벗어나면 밝고 편한 길로 나아갈 것만 같다.

그러나 그 자리에, 상처 입은 그 자리에, 조용히 가부좌를 틀고 앉아 다시 한 번 깊이 생각해 본다. 그러면 이 길은 포기할 수 없어지고, 조금만 헤쳐가면, 다시 아늑한 오솔길을 만날 것만 같다. 그 길을 따라가다 보면 산정의 쏟아지는 빛줄기를 만날 수 있을 것 같아 중단할 수가 없다. 지금은 책보만 한 파란 하늘 조각 하나도 아쉽지만, 언젠가는 끝없는 하늘이 지천으로 열리리라는 희망을 가진다. 신작로의 흔하기만 한 빛 덩어리들보다는, 어둠 속에서 빛나는 지금의 사금파리만 한 빛 조각이 얼마나 아름다운지.

많은 이들이 나를 앞질러 휙휙 지나가 버리지만, 그래도 더러는 아름다운 친구와 해후하기도 하며, 이름 모를 새소리도 들어가며, 쉬엄쉬엄 가 볼까 한다.

환상 가이드

처음부터 수상쩍긴 했다. “남프랑스 인솔 여행 작가 ○○○입니다.”라고 시작하는 문자가 온 것이다. 가이드는 자신을 가이드가 아니라 여행 작가라고 소개했다. 이어 인천공항 미팅장소와 시간, 준비물 등을 나열하고서는 단체수속은 하지 않을 테니 개별적으로 체크인해서 출국장으로 들어가면 된다고 했다.

공항 미팅장소에 짧은 수염이 난 땅딸막한 장년의 한 남자가 보였다. 잠시 몇 마디 던지고는 나중에 만나자며 사라졌다. 파리 드골 공항에서 비행기를 갈아타고 목적지인 툴루즈에 도착할 때까지 얼굴 한번 비치지 않았다. 툴루즈 공항에서 짐을 끌며 열심히 걷고 돌아 한참을 갔다. 이역만리에서 고아 될까 조마조마하여 친구 뒤만 졸졸 따라갔다. 출구 쪽에 낯익은 수염이 보였다. 마음이 놓였다.

눈부시게 하얀 버스를 타고 남프랑스를 달렸다. 초록으로 펼쳐진 땅에 부드러운 선을 그리는 나지막한 구릉, 하얀 바위들이 유월의 햇살을 받아 환하게 빛나고 있었다. 샛노란 풀꽃이 유난히 자주 눈에 띄었다. 마치 남프랑스의 다사로운 햇살이 그대로 꽃이 된 듯했다. 남프랑스 아를에서 그린 고흐의 그림이 밝은 노랑으로 가득한 이유를 알 듯했다. 따스하고 자유로운 공기가 사방에 가득했고, 버스에서는 꿈결 같은 아리아가 계속 흘렀다.

레보드프로방스 지역에 있는 채석장미술관을 갔다. 폐채석장 내부 전체에 빔프로젝터를 쏴서 예술가들의 작품을 영상으로 전시하는 곳이다. 몽환적인 금빛의 화가 클림트와 에곤 실레 등 비엔나 화가 작품들이 보였다. 중간 중간에 커다란 돌기둥들이 있고 광장과 계단, 회랑이 있어서 거닐다 보니 내가 개미처럼 작아져서 작품 속에 온전히 들어온 듯 착각이 일었다. 영상에 맞춘 음악이 실내에 가득하여 더욱 작품에 빠져들었다.

사건은 여기서 시작되었다. 여행 작가님은 자세하게 우리에게 해설을 해 주었다. 동굴 내부를 가득 채운 색채와 음악에 감동한 나는 하지 말아야 할 짓을 해 버렸다. 해설 앞부분을 놓쳐 작가에게 이 동굴이 자연적으로 생긴 것인지 인위적으로 만든 것인지 물었던 것이다. 작가가 한 발짝 크게 뒤로 물러서며 적대감을 드러낸다. 그리고는 차갑게 "아까 말씀드렸습니다. 채석장이었다고요." 하고는 홱 돌아서서 가버린다.

작가가 첫날 나눠 주었던 여행일정의 제목은 '환상의 남프랑스 일주 8일'이었다. 그는 남프랑스를 소개하기 위해 주제를 '환상'으로 정했나 보았다. 버스를 타고 이동하는 내내 우리의 작가가 선곡해서 들려주는 아리아와 샹송들이 차 안에 앉아서도 바깥의 햇살과 바람을 느끼게 해 주었다. 지중해변의 꿈결 같은 풍광과 몽상적인 클림트의 그림, 화사한 꽃과 아기자기한 상품으로 가득한 프로방스의 예쁜 골목들이 잘 어우러졌다. 거의 환상적이었다.

문제는 그 자신이었다. '나는 책을 낸 작가님이고 TV에도 출연한 선생님이니 알아서 기셔.' 하는 태도였던 것이다. 여행객들은 다들 점잖았다. 그의 '잘난 척'을 감싸주는 가운데 여행은 그럭저럭 흘러갔다. 어느 날은 큰 소리로 "Oh, shit" 하며 성질을 부렸고 놀란 우리는 꿀 먹은 벙어리가 되기도 했다. 손님이 왕이 아니라, 그가 왕이었다.

부호들의 휴양지로 유명한 니스를 본 후, 이웃한 모나코를 들렀다. 동화 속 세상처럼 작고 예쁜 나라를 둘러보고, 언덕 위 왕궁에서 내려오는 길이었다. 아름다운 풍광을 보며 감상에 젖어 있는데 누군가가 질문을 했다. 아까 말했던 내용이다. 우리의 작가님이 가만히 계실 리 없다.

"말할 때 집중해서 들으세요. 도대체 안 듣고 뭐합니까?"

그때였다. 저 뒤에서 쨍한 중년 여인의 목소리가 날아온다.

"우리는 궁합이 안 맞아."

우리의 작가님, 맞붙는다.

"불만 있으면 회사에 컴플레인하셔도 됩니다."

"회사 필요 없어. 한국에 돌아가서 우리 아저씨한테 다 일러 줄 거야."

"아저씨는 더 머리 아픕니다. 앞으로 제가 가는 데는 절대 따라

오지 마세요."

"다음에 어디 가? 아저씨랑 같이 쫓아갈 거야."

폭소가 터졌다. 모두 작가님에게 불평이 많았는데 그 속을 긁어 준 것이다. 시원하였다. 불평을 터뜨리면서도 유머를 잊지 않는 이 여인, 멋지다.

그녀의 한마디는 일촉즉발의 긴장 상황을 웃음으로 바꾸어 버렸다.

이 사건이 전환점이 되었다. 작가님과 여인이 서로 조금씩 견제하고 양보하여 무사히 8일간의 여행을 마치고 돌아왔다. 인천공항에서 다들 아쉬운 손을 흔들며 헤어졌다. 그녀는 작가를 따뜻하게 포옹하며, 건강하게 여행 잘 다니라고 덕담을 해 주었다.

유머는 여유이고 지혜이다. 부정을 긍정으로 치환시키는 마술이며 상대보다 한 수 위일 때 나온다. 작가가 그녀의 유머를 배울 수 있으면 좋겠다. 한 발짝 양보할 수 있는 푸근함과 따스함으로, 그 한 사람을 믿고 머나먼 타국으로 따라나선 이들을 배려할 수 있었으면 한다. 그가 환상 여행을 이끄는 진정한 가이드로 거듭난 모습을 보고 싶다.

유치 시스터즈의 첫 여행

시작은 큰언니의 제안이었습니다. 긴자－일본 도쿄의 번화가－한 번 가 보자, 좋다던데. 다음에는 작은언니의 재청이 있었습니다. 가자. 속이 갑갑해서 좀 나갔다 와야겠다. 그때가 7월이었습니다. 막내인 내가 집행을 맡았습니다. 지인의 도움을 받아 일찌감치 예약을 했습니다. 9월 말 도쿄 왕복 항공편과 도쿄호텔 2박, 도쿄 근처 온천 마을인 하코네료칸 2박을 예약했습니다. 총 4박 5일의 일정이었습니다. 그전에도 여기 가자 저기 가자 제안은 무성했지만 실행은 처음이었습니다.

막상 9월 중순이 되자 작은언니가 전화를 했습니다. 집에 우환이 있어 놀러 가기가 곤란하다는 것이었습니다. 나는 가야 한다고 밀어붙였습니다.

“우환 없는 집이 어딨냐. 그냥 다 비우고 한번 떠나보자. 우리 건강과 주위 사정을 생각해 보면 이게 우리의 처음이자 마지막 여행이 될 수도 있다. 따지고 보면 제대로 잘 걷지도 못하는 내가 더 갈 수 없는 처지다. 그렇지만 여행 갈 생각하며 열심히 재활 중인데.”

언니는 내 말에 물러섰지요. 어쩌면 큰언니가 제일 가고 싶지 않았을지도 모릅니다. 마음 불편한 동생과 몸 불편한 동생 둘을 데리고 가야 하는 부담감이 좀 컸을까요. 그래도 속 깊은 큰언니는 아무 말 없이 조용했습니다. 이렇게 세 자매가 함께하는 첫 여행을 떠났습니다.

작은언니의 사랑하는 아들이 도쿄에 살고 있습니다. 도쿄 체재 이틀간 조카가 안내해 주어 구경도 잘하고 맛난 것도 먹었습니다. 둘째 날 저녁, 소바집에서 이틀간의 도쿄 일정을 마무리하며 사케잔을 마주쳤습니다. 가장 연장자인 큰언니에게 한 말씀을 부탁드렸습니다. 딱 한마디하십니다. “느그가 있어 줘서 고맙다.” 가슴이 먹먹해 옵니다. 언제나 애만 먹이고 신경 쓸 일만 만들었던 동생

들이 뭐가 예뻤을까요. 화답합니다. "언니가 바로 내 언니라서 고맙습니다." 삶의 고비마다 힘이 되어 주고, 존재만으로 마음 든든한 언니입니다. 얼마 전에도 내가 아팠을 때 장만한 전복과 불린 쌀을 들고 와 우리 집 부엌에서 막 끓여 낸 죽을 내게 먹여 준 언니입니다. 고맙고 미안합니다. 작은언니에게도 말합니다. "언니가 바로 내 언니라서 고맙습니다." 수년 전 내가 거동이 불편했을 때 멀리 서울에서 내려와 이틀이나 묵으며 밥이랑 반찬을 챙겨 준 언니입니다. 자기 몸도 만만찮게 부실한데 말입니다.

하코네료칸으로 가는 길이었습니다. 별것 아닌 일로 작은언니에게 성질을 부렸습니다. 나중에 주위가 조용해진 후 사과했습니다.

"언니야, 미안해. 긴장해 있는 나를 자꾸 건드려서 나도 모르게 발끈했어."

"그래, 기분이 좋지는 않더라."

그 대답에 내 속 저 깊은 곳에 잠자고 있던 무언가가 슬금슬금 움직입니다. 어쩌다 한 번 당해 보니 기분 안 좋은가 보지? 흥, 언니 성질 다 당하고 살았던 나는 어땠겠어…….

"언니는 옛날에 나한테 엄청 성질 많이 냈던 거 모르지? 나 상처 많이 입었어. 그래서 언니 미워했어."

"철없는 옛날에 그런 건데, 미안하다."

기어들어가는 목소리로 언니가 말합니다.

워낙 말이 없는 나는 이제껏 한번도 언니에게 이런 투정을 해본 적이 없습니다. 막상 한마디하고 났더니 괜히 지난 얘길 꺼냈다 싶어 마음이 편치 않습니다. 어스름 저녁이 되었습니다. 언니를 껴안습니다.

"내상, 아리가또. 아이시떼루요!"

어쩐지 우리말로 '언니, 고마워, 사랑해.' 하려니 말이 나오지 않아, 애꿎은 옆 나라 말을 잠시 빌려 옵니다. 언니도 나를 꼭 안아줍니다.

큰언니는 우리 셋 중에서 제일 순발력이 있고 길눈이 좋습니다. 복잡한 역내에서 내가 헤매면 어느새 방향을 잡아 안내해줍니다. 작은언니는 활자에 강해서 인포메이션센터에서 구입한 우리말 설명서를 잘 읽고 도움말을 줍니다. 나는 약간의 영어 실력으로 현지에서의 소통과 티켓구입 등을 담당했습니다. 몸이 조금 불편했던 나를 위해 언니들이 내 가방도 들어 주고 조금 걸은 후에는 나란히 앉아 쉬곤 했습니다. 언니들이 아니었다면 불편만 이어졌을 여행이었지요. 세 자매는 이렇게 서로 협력하여 일본 여행을 무사히 마치고 돌아왔습니다.

그 이튿날입니다. 작은언니에게서 전화가 왔습니다.

"어렸을 때 너한테 성질부린 거 정말 미안해. 지금 생각해 보면 만만한 사람에게 그렇게 화를 냈던 거 같애."

어릴 때 나는 참 그럴 수 없이 순했습니다. 말도 없구요. 언니가 바락 소리 지르며 타박을 주면 아무 말 못 하고 무조건 눈을 내리 깔았지요. 그런 일이 계속되면서 내 마음속에 억울함이 뭉쳐 있었나 봅니다. 그런데 언니의 말을 듣는 순간 응어리가 다 녹아 버립니다. 가족이란 이런 건가 봅니다. 언니라고 나한테 섭섭한 것이 없겠습니까. 여러 날 이런저런 생각이 많았을 겁니다. 그런데 아무 내색하지 않고 이렇게 내 마음을 헤아려 줍니다.

"그렇게 말해 줘서 너무 고마워, 언니야."

참 유치한 자매입니다. 그러나 이렇게 유치할 수 있어서 또 참 정겹습니다.

가만히 한 번 되뇌어 봅니다.

"언니들, 고마워. 사랑해!"

귀곡산장에서의 하룻밤

세 자매가 일본 료칸 – 일본전통여관 – 체험을 해보기로 했습니다. 일어를 아는 지인에게 도움을 청해 도쿄 인근 하코네에 있는 료칸을 예약했습니다. 택시로 5분 거리인 료칸 두 곳을 하루씩 예약해 주었습니다.

도쿄에서 이틀 묵으며 구경한 후, 하코네역에서 내린 우리는 료칸으로 가기 위해 택시를 탔습니다. 역에서 택시 타면 금방이라더니, 산속 마을 하코네에서 왔던 길을 도로 내려가 바닷가를 한참 지나 다시 산속으로 허위허위 올라갑니다. 50분 정도가 걸렸고 택시비는 거의 9만 원이 나왔습니다. 지인이 실수를 한 것이었습니다. 첫날 숙소를 하코네가 아니라 유가와라라는 다른 온천 지역에다 잡은 것이었습니다.

유카타를 입은 남자가 우리를 맞습니다. 어쩐지 돌아 나가고 싶은 마음이 듭니다. 흐린 날씨에 깊은 산속 전통 일본식 료칸은 귀신이라도 나올 듯 음산합니다. 오래된 건물은 무척 컸는데 퀴퀴한 냄새가 났습니다. 손님이 없어 9월의 춥지도 않은 날씨에 한기가 스며 나옵니다. 혹시 점심을 먹을 수 있느냐 물으니 안 된답니다. 나가서 먹을 만한 식당도 없다고 합니다. 깊은 계곡 몇 채의 료칸만 있는 조그만 마을에 점심도 굶은 채 격리돼 버렸습니다.

객실에는 크고 작은 다다미방이 두 개, 나무로 된 온천 욕조, 테이블과 의자가 놓인 베란다가 있었습니다. 넓어서 더욱 썰렁합니다. 접대하는 할머니가 가져다주는 녹차와 자그만 찹쌀떡 하나로 점심을 대신하고 산책을 나갔습니다. 차 한 대 지날 수 있는 길 양편에 오래된 료칸이 서너 채 있었습니다. 약 100미터 정도 올라가니 경사진 등산길입니다. 경사에 취약한 나 때문에 다들 숙소로 되돌아오며 더욱 마음이 착잡해졌습니다. 산책할 만한 데도 없구나…….

계획대로라면 지금 우리는 자연과 어우러진 하코네의 미술관을 감상한 후 우아한 레스토랑에서 운치 있는 정원을 내다보며 파스타를 먹고 있어야 합니다. 그런데 이 괴기한 일본의 산골에 갇혀버린 겁니다.

온천밖에 할 것이 없습니다. 공동탕에 그나마 두 일본 여인이 목욕중입니다. 사람을 보니 괜히 반갑습니다. 저녁 시간이 되어 가이세키요리－코스로 나오는 일본의 고급 정식요리－가 나왔습니다. 그 유명한 가이세키 요리를 점심도 굶은 언니들이 거의 다 남겼습니다. 마음이 편치 않으니 식욕이 없었던 겁니다.

무섭다고 노천탕도 가지 말자고 합니다. 자리에 누웠습니다. 작은언니가 입을 열어 소설을 쓰기 시작했습니다. 여긴 귀곡 산장이야. 정성껏 만들어준 요리를 안 먹었다고 주방장이 밤에 칼 들고 올지도 몰라. 사이코패스일 거야. 객실 문이 쇠로 돼 있는 건 우릴 가두기 위해서야. 저녁 식사 때에도 스시 차례에 스시가 안 나오고 밥이 나왔잖아. 항의하니까 그때에야 스시를 가져온 걸 보면 수상해. 반쯤 장난삼아 얘기하다 보니 큰언니가 떨고 있습니다. 멀리서 쿵 소리가 나니 '엄마야' 하며 비명을 지릅니다.

조성된 공포 분위기를 쫓기 위해 도쿄에 있는 조카에게 전화했습니다. 사정을 얘기하고 도움을 청했습니다. 조금 있다 객실 내 전화가 울립니다. 조카가 프런트에 전화해서 '엄마가 오늘 거기 숙박하시는데 폰을 안 받는다.'고 연결해 달라고 한 겁니다. 그리고는 언니에게 말합니다. "일본 사는 아들이 수시로 연락 취하고 있는 걸 알았으니 료칸 측이 경거망동은 못 할 거예요. 전화하자마자 직원이 친절하게 전화 받고 바로 연결해 주네요. 아까 사람이 없었던 건 점심시간이라 그랬을 거예요. 별일 없을 거예요." 아들 말에 언니는 금방 안색이 환해지며 곧 잠이 들었습니다. 뒤따라 큰언니도 잠이 들었습니다. 나만 어둠 속에 말똥말똥하였습니다. 내가 일 진행을 잘못하여 언니들을 고생시켰나 싶어 마음이 편치 못하였던 것이지요.

아침이 되자 드디어 노천탕을 갔습니다. 벗은 옷과 함께 속세를 바구니에 담아두고 문을 밀었습니다. 건물 제일 위층에 있는 노천탕은 아무런 장애물 없이 계곡을 향해 활짝 열려 있었습니다. 자연의 몸으로 맞은 하늘과 계곡에 말문이 막혔습니다. 깊이를 알 수 없는 은빛 하늘 아래 수령이 얼마나 될지 가늠할 수 없는 나무들이 빼곡히 펼쳐져 있었습니다. 귀곡산장의 시련을 거쳐 신선의 영역이 나타난 것이었습니다. 오는 듯 마는 듯 소리 없이 비가 내리고 있었고, 초록으로 충만한 계곡은 말없이 그냥 그렇게 있었습니다. 순간 그곳에서 초록의 진수를 본 듯도 합니다.

자연과의 합일이었습니다. 모든 것이 하나가 됩니다. 눈앞에 보이는 계곡을 가슴 깊이 담습니다. 눈을 감고 뜨거운 온천물에 나는 녹아들어 갑니다. 부드러운 빗물은 소리도 없이 뺨으로 입술로 스며들어 옵니다. 이제 나는 없습니다. 시간의 흐름도 느끼지 못합니다. 그냥 그렇게 있습니다.

아침 식사 후 다시 하코네로 이동했습니다. 그 날은 무사히 하코네 료칸에 투숙하여 예정대로 여러 미술관과 아름다운 호수를 거닐며 만족스럽게 일본에서의 일정을 마무리할 수 있었습니다.

지금은 당시 즐겁게 다녔던 도쿄구경과 하코네 여행보다도 오히려 귀곡산장에서의 하룻밤이 먼저 떠오릅니다. 절로 입술이 슬쩍 벌어지며 미소가 비어져 나옵니다. 우리 자매가 함께한, 잊을 수 없는 하룻밤이 생겼습니다.

초록 화분과 노을빛으로 직조한 작가의식

박양근(문학평론가, 부경대 교수)

열면서

이행희 작가에게 글쓰기는 감성과의 접속이다. 그녀의 감성은 빗물과 꽃의 향기와 저녁노을로 이루어진다. 〈태양의 서커스〉에서 "화초에 물을 주고 있는데 귀뚜라미 소리가 들렸어요."라고 말하고 "바깥 벤치에서 커피를 마시고 싶어서요."라고 말할 때 작가의 감성은 집안과 밖을 넘나든다. 고즈넉하면 화초에 물을 주고 외롭고 쓸쓸하면 노을을 찾아 밖으로 나서는 것은 그녀의 감성이 지닌 역동성을 보여준다.

그녀에게 글은 무엇인가. 그녀에게 글은 행복의 빛을 찾아가는 길이다. 박경리 작가처럼 "그냥 한번 해보고 싶어서요."라고 말하지만 이행희에게 '그냥'은 단순히 여기가 아니라 다른 모든 것을 비워내고 파편화된 생각을 종합하여 다듬어내는 존재를 충일하게 하는 길이다. 그래서 현실에서는 작게 보일지라도 글을 통하여 "분명하고 자주적인" 존재로 재등장한다. "소중하게 찾아낸 쉼터 같은 글"로써 ≪노을을 잡다≫가 그녀의 심적 공간이 되는 이유가 여기에 있다.

본론 1: 5월 빛으로 피는 감성

첫 수필집 ≪노을을 잡다≫에 여과된 이행희의 삶은 집안과 자연과 해외여행으로 나누어진다. 삼각 구도를 이룬 작가의 삶은 생활 자체보다는 주변 사물을 응시하는 관조와 사유로 나타난다. 노을을 좋아하는 여자, 분홍색 립스틱에 때늦게 길든 여자, 빗기를 맞으며 순연해지는 여자, 그러면서도 자신을 '주변머리가 없는 집순이'로 자칭하는 여성이 이행희이다. 비와 노을과 꽃의 향기에 예민하므로 자연은 그녀의 삶에 생명력을 주입하는 동력으로 나타난다. 무엇을 보든 무엇인가라는 해석의 대상으로 삼는 그녀의 첫 인식이 〈어떤 해석〉에 나타난다.

> 우주의 음악은 고요히 있어야 들린다. 그래야 내 귀에 담겨진다. 고요는 고요하지 않다. 고요할 때 보이고 고요할 때 들린다. 충만한 고요는 포효한다. 고요는 소리가 없는 게 아니라 우리가 듣지 못할 뿐이다.
>
> ― 〈어떤 해석〉 일부

작가는 흔들리지 않는 절대고요를 간절히 희구한다. 그곳에서 다른 사람과 다른 삶을 살아간다. 없는 빛을 느끼고 미세한 향기를 맡는다. 없음을 분석하고 종합하여 있음을 찾아내는 사람은 좀처럼 흔들리지 않는다. 마음이 고요하면 고요 속에 숨어있는 갖가지 촉수를 만난다. 이것이 어울려 수필의 미덕인 영적 소통으로서 영성을 갖추어낸다.

섬세한 외적 반응을 보여주는 작품으로서 빗소리를 통해 무의 세계를 자각하는 〈오월을 내려받다〉가 있다. 해변에 내리는 눈을 통해 원시성을 추구하는 〈눈 오시는 날〉과 짝을 이루는 〈오월을 내려받다〉는 자작자작 내리는 봄비를 묘사함으로써 욕조에 담긴 따뜻한 물 같은 작품을 이루어낸다.

비가, 향초가, 시가, 나에게 무외시를 베풀었다. 잠결에 들리던 빗소리가 내 마음을 편안하게 내려놓게 해 주더니, 향초는 내 혈관을 타고 온몸을 돌아 한없이 안락하게 해 주었다. 시는 이 모든 것을 받아들일 수 있도록 열려 있는 내 마음을 베풀어 주었다.

— 〈오월을 내려받다〉 일부

작가는 비와 향초와 시를 보시의 의미에 결합한다. 보시란 타인에게 복을 베푸는 일이듯이 자신의 글도 타인에게 무외시이기를 기대한다. 이와 달리 이행희가 자신을 측량하는 잣대는 까다롭다. 〈염정임의 수필 '회전문'을 읽고〉라는 부제목이 붙은 독서 에세이 〈바로 내 얘기네〉는 회전문이 지닌 효용성에 쉽게 적응하지 못하는 자신의 느긋한 동작을 유머로 풀어내는 가운데 유순한 자신의 기질을 슬며시 드러낸다. "나는 천상 집순이다."라고 고백하는 〈기한부 집순이〉, 립스틱 색깔을 통해 일생을 정리한 〈No. 536〉도 자신을 어떻게 들여다보는가를 제시해 준다.

어쩌다 턱 아래까지 공들여 화장한 날은 살짝 턱을 쳐들고 있기도 한다. 본의 아니게 도도해지는 날이다. 이런 불편함 때문에 꼭

> 필요할 때가 아니면 민얼굴로 다녔으므로 살까 말까 잠시 망설였다. 그러나 봄인걸. 까짓 파운데이션, 발라주지 뭐. 천지에 와르르 벚꽃 구름이 피어나고 어디서나 산들바람 스치는 봄날인걸.
>
> — 〈No. 536〉 일부

봄날을 맞이한 작가는 한껏 자연과 교감을 이루려고 한다. 때로는 화장을 통해 일상의 변화를 주기도 한다. 베란다에 키우는 꽃들처럼 립스틱 화장을 함으로써 권태를 벗어나기도 한다. 어쩌면 "떨어지지도 마르지도 않는 꽃, 마음만 먹으면 언제나 피어나는 꽃잎"이 그녀가 꿈꾸는 또 다른 자아일지도 모른다. 화장에 대한 관심은 〈눈 오시는 날〉에서 "고요하게 눈이 오시는 날은 나도 정갈해야 한다."에서 재현된다.

이행희는 자연의 기운으로 몸과 마음을 정화하려는 작가이다. 주변 사물과 사회의 소음에서 벗어나 자연을 벗하는 존재로서 자신을 지키려 한다. 〈숫자와 언어〉에 나타나듯이 그녀는 천성적으로 숫자에 약하지만 언어감각이 남다르다. 숫자와 달리 글이란 가식 없이 자신과 틈새 교감을 이루는 수단이다. 그래서 그녀는 한 편씩 글을 쓴다. 글이 쓰여 지지 않을 때도 있지만 가족과 친구의 반가운 반응이 있고 "언젠간 책을 한 권 낼 때가 올 것"이라는 희망이 있으므로 행복하다. 이것은 구름에 가려진 태양이 밖으로 나오는 광경을 "화려한 당신의 무대"로 표현한 상징에 일치한다. 이행희 작가가 글의 문으로 들어갈 때마다 물기 배인 감각에 녹아드는 이유가 여기에 있다.

본론 2: 초록 화분과 여성적 행복

이행희 수필에서 가장 빈번하게 묘사되는 소재는 꽃이다. 그녀가 키우는 꽃은 대부분 부엌 창가나 베란다에 놓여진다. 집안 꽃이 도시 가정주부들의 모습을 반영하고 있지만 그녀에게 꽃은 삶 자체이며 가정에 헌신하려는 심정에 일치한다. 〈화분의 꿈〉의 첫 문장은 "부엌 창가에 얹을 화분을 고른다."이다. 화분이 얹힌 부엌 창가는 가정주부가 소망하는 행복과 평화를 상징한다. 작가도 "맞춤 맞다"는 네 글자로써 화분에 깃든 자신의 꿈을 설명하고 있다. 여고시절 때 그녀가 꿈꾸었던 미래상은 "온통 눈부시게 하얀 부엌에서 하얀 원피스를 입고 부엌 창가에서 행복한 미소를 짓는" 현모양처이다. 그 이상을 구현시켜주는 장치가 햇살에 놓인 초록 화분이다. 작가는 결혼 후 20년을 지날 무렵이 되어서야 비로소 남향 부엌 창틀에 초록 화분을 놓을 수 있었다. 그녀가 딸에게 "부엌 창가에 초록 화분을 올려놓는 게 내 꿈"이라고 말할 수 있는 것도 "햇살의 따스함과 바람의 생명력"을 집안에 들이고 싶은 꿈을 반영해 준다.

> 나에게 힘을 주는 작은 화분처럼, 내가 만들어내는 조촐한 음식이 바깥에서 돌아오는 내 가족을 따뜻하게 채워 주고 위로했으면 한다. 창가에 화분을 얹으면 북향도 남향이 된다. 따뜻한 음식으로 가족을 맞이하며 작고 불편한 집도 좋은 쉼터가 되어 주길 희망한다.
>
> — 〈화분의 꿈〉 일부

부엌 화분에는 가족을 위해 음식과 사랑을 키워가려는 여성의 미래가 담겨 있다. 이러한 꽃의 의미와 결합하는 애정은 〈꽃잎 시위〉로 환유된다. 작가가 씨앗과 뿌리와 잎에서 희망을 찾아낼수록 꽃이 이루어내는 변화는 완성을 지향한다. 푸르디푸른 녹음, 스스로를 불태우는 단풍, 모든 잎을 떨군 빈 몸의 나무로서 그녀가 본받고 싶은 실체를 표현하고 "온몸을 던져 무언가 흔드는 것"의 미학을 이루려는 것도 부엌과 베란다의 꽃을 일치시킬 때이다. 꽃과 나무가 지닌 조화는 〈화분의 꿈〉과 〈꽃잎 시위〉를 거쳐 〈틈새 예찬〉에서 완성된다. 틈새란 일부분만 볼 수 있는 좁은 공간이다. 이것을 작가는 자연과 사회와 사물과 사람에서 찾을 수 있는 여유로 은유한다. 틈새로 보는 것은 한결 아름답다. 틈새로 보는 일출, 빽빽한 숲 속의 틈, 청바지의 틈새조차 낯선 상상을 불러일으키는 소중한 이음새이다. 웃음과 외로움도 마음의 틈새라고 풀어낼 때면 "사람이 사람일 수 있다는 것은 틈새" 때문이라는 자연스러운 결론에 다다른다. 모든 틈새 중에서 이행희에게 꽃은 팍팍한 현실을 견뎌내는 생명의 틈새이다.

꽃을 생명의 시위와 인간적 틈새로 풀이하는 작가의 애정은 자연스럽게 다수의 꽃 수필을 생산한다. '베란다 화분을 돌보는 정원사'이지만 그녀가 구입하는 화분 값은 만 원을 넘지 않는다. 〈만 원의 행복〉은 이러한 꽃 화분을 어떻게 배열하는가를 보여준다.

실내에서 보기 좋게끔, 거실 창문 바깥쪽으로 꽃핀 제라늄과 노란 국화분 두 개를 배열한다. 소파에 앉아 베란다 쪽을 본다. 무엇인가 좀 부족하다. 다시 나가 색색으로 핀 작은 제라늄 세 개를 친정어머니가 주신 놋쇠화로에 모둠으로 넣어 자리 잡게 한다. 그 옆 국화분 하나를 30도 왼쪽으로 돌려본다. 소파에서 쳐다

보니 그럴듯하다. 국화가 만개하면 친구 불러 차 한 잔 해야겠다.

— 〈만 원의 행복〉 일부

그녀의 화분 가꾸기는 절제된 생활철학을 반영한다. 화분을 갖가지 방식으로 배열함으로써 적은 수량으로 집안에 다채로운 분위기를 만들어낸다. 작가의 꽃놀이는 꽃의 생육과 자식교육을 병치시킨 〈옵투샤〉, 선인장을 의인화하여 집안 주인과 꽃 사이에도 알맞은 간격이 필요하다는 인생론을 펼친 〈무명씨 선인장〉, 봄날 베란다를 지켜보면서 평화를 만끽하는 〈봄을 지휘하다〉 등으로 넓혀진다. 이러한 기법은 꽃에 대한 작가의 치열성과 다양성을 고스란히 보여 주고 있다.

작가에게 꽃 가꾸기는 인생에 대한 반추의 일부이다. 꽃을 키우면서 인간관계를 생각하고 꽃에 대한 글을 쓰면서 자연이 인간의 삶에 미치는 파장을 돌이켜 본다. 달리 말하면 작가에게 꽃은 무미건조한 삶을 자축하는 심미적 포인트이다. 나에게 포인트 주기란 "살짝 열어두기"라고 말하듯이 그녀에게 꽃 가꾸기는 집안에서의 일상을 탈일상화하려는 노력이기도 하다.

본론 3: 노을여행으로 나 찾기

이행희는 여행수필가이다. 노을빛을 쫓으며 자신을 찾는다. 꽃을 통하여 삶의 자리를 지켰던 그녀는 여행을 떠나면서 숨겨진 신명을 발휘한다. 그녀에게 떠남은 방황이 아니라 돌아옴을 예약한 역귀환이다. 생의 기쁨을 조근조근 전달해 주는 그녀의 길 찾기는 어디에서 시작하는가. 비 오는 이기대이다. 빗길을 머금은 풀과 참나리가 무성한 이기대 해변길이 그녀의 첫 여행길이다. 남달리 이기대에 애착을 가지는 이유는 도시와 가까이 있으면서도 자연의 자연스러움을 온전하게 간직한 공간이기 때문이다.

> 숨을 깊이 들이쉰다. 비가 오는 바닷가에서는 비릿하면서도 포근한 냄새가 난다. 해안절벽을 따라 설치된 나무데크를 걷는다. 젖은 계단을 천천히 올라간다. 아득한 잿빛 바다가 끝 간 데 없이 열려 있고 바위에 부딪히는 파도 소리가 온몸을 감싸 산 위로 올라간다. 아찔한 벼랑에 삐죽하고 거친 바위들이 힘차게 바다로 뻗어 있다. 전설 속의 커다란 새가 순간적인 어떤 힘에 의해 해안에 내려앉아 그대로 굳어버린 듯하다. 멈추어진 비상의 염원이 묘한 형상으로 꿈틀거린다.
>
> — 〈비 오는 이기대〉 일부

이기대 해변에서 습득한 오감을 한껏 발휘하기 위해 감행한 첫 번째 여행기가 〈노을을 잡다〉이다. 호주 남동부 해안도로를 달리며 서쪽으로 지는 태양을 쫓아가는 드라이브를 다룬 이 작품은 그녀에게 노을이 어떤 의미를 지니는가를 절절히 보여준다. 해가 지는 노을은 삶의 내리막길을 걸어가는 연륜과 비슷하다. 중년의 나이를 넘긴 이행희에게 이국의 해변 노을은 경이로울 만큼 감동의 박동을 불러일으킨다. 그 심정은 고스란히 다음과 같은 묘사에서 나타난다.

> 내가 목에 두른 목도리만 한 노을이 더욱 짙은 홍색으로 수평선 위에 빛나고 있었다. 꽁지를 붙잡는데 성공한 것이었다. 절벽 위에 서서 내려다본 해안선은 부드러우면서도 경이로웠다. 차디찬 바람을 맞으며 은은한 윤곽을 드러내는 대륙의 경계와 깊이를 알 수 없는 허공을 보았다.
>
> – 〈노을을 잡다〉 일부

그녀에게 '노을 따라잡기'는 무심하게 흐르는 세월을 뒤쫓는 경주와 같다. "미녀와 야수" 속의 주인공처럼 애정을 한껏 노을에 쏟아내는 동안 결코 슬퍼하지 않는다. 노을처럼 자신도 시간과

쫓고 쫓기는 과정 자체를 즐기고 있다. 노을이 지나 어둠이 닥쳐 올지라도 슬퍼하지 않겠다는 의지마저 느껴진다. 노을을 따르는 여정은 베트남 하롱베이의 저녁을 지켜본 〈구름이 있어 노을이 아름답다〉에서 재현된다. 작가는 노을처럼 삶이 아름다우려면 구름 같은 시련과 역경이 있어야 한다고 말한다. 저녁노을을 말할 때의 화자의 의도는 더없이 포근해진다. 그녀가 "나의 노을은 어떤 노을이 될 것인가."라고 물을 때도 그 답은 단순하다. 아름다운 몇 점의 구름이 자족의 삶을 이끌어낸다는 것이다.

노을을 쫓았던 이행희는 일본으로 떠난다. 세 자매간의 혈육애가 흠씬 배인 일본 여행은 온천을 중심으로 펼쳐진다. 가족이란 엄격한 규율이 존재하는 인간관계가 아니라 남이 보았을 때 유치하다고 여겨지는 속정으로 이루어진다고도 말한다. 그 애정은 〈귀곡산장에서의 하룻밤〉과 〈유치 시스터즈의 첫 여행〉에서 확인할 수 있다.

그 외 프랑스 기행을 안내한 독특한 성격을 지닌 가이드를 다룬 〈환상 가이드〉는 유머가 넘치는 수필이며 스위스 여행을 적은 〈세 중년 여인의 만행〉은 여인의 일탈을 동심으로 풀어낸 작품에 속한다.

여행에서 돌아오는 작가는 다시 고요 속으로 빠져든다. 빗기를 머금은 수풀처럼 몽롱해지고 현실과 부딪히면서 질겨진 마음의 근육이 더없이 부드러워진다. 이렇듯 그녀에게 여행은 심미감을 보충하는 윤활유이며 꽃향기로써 그녀의 일상의 격을 높이고 있다.

닫으면서

이행희 수필의 장점은 개성미에 있다. 그녀의 정적인 성품은 빗기, 푸른 화분, 노을이라는 상징으로 나타난다. 수필로 표현되는 그녀의 어조와 어감도 뭔지 모를 동경심을 불러일으키면서 사물의 인식 방향도 달라지고 있다. 수필에 나타난 이행희의 삶은 단조로울지 모르나 결코 건조하지 않다. 일상에서 자연의 숨결이 떠나지 않기 때문이다. 꽃으로든, 파도로든, 혹은 노을이든, 자연의 손끝을 그녀가 놓지 않음으로써 문장이 풀어내는 의미가 남다르다. 그것은 자연과 삶을 호환시키는 그녀의 감수성이 풍부하다는 뜻이다.

그녀는 오늘도 집 안팎을 오간다. 저녁노을을 따라 숲길과 해변을 걷고 싶어 하는 작가. 부엌 창틀에 놓인 푸른 화분에 소박한 행복을 가득 심으려는 여자. 그 문학성과 여성성을 함께 키우고 있는 작가가 이행희이다.

이행희 수필집

노을을 잡다

인쇄 2016년 10월 25일
발행 2016년 11월 5일

지은이 이행희
발행인 서정환
펴낸곳 수필과비평사
주소 전북 전주시 완산구 공북 1길 16(태평동 151-30)
전화 (063) 275-4000 · 0484 · 6374
팩스 (063) 274-3131
이메일 shina2347@naver.com sina321@hanmail.net
출판등록 제465-1984-000004호
인쇄 · 제본 신아출판사

저작권자 ⓒ 2016, 이행희
이 책의 저작권은 저자에게 있습니다. 서면에 의한 저자의 허락없이 내용의 일부를 인용하거나 발췌하는 것을 금합니다.
COPYRIGHT ⓒ 2016, by Lee Hanghee
All right reserved including the rights of reproduction in whole or in part in any form.
저자와 협의, 인지는 생략합니다.
잘못된 책은 바꿔 드립니다.

ISBN 979-11-5933-061-2 03810
값 13,000원

이 도서의 국립중앙도서관 출판예정도서목록(CIP)은 서지정보유통지원시스템 홈페이지(http://seoji.nl.go.kr)와 국가자료공동목록시스템(http://www.nl.go.kr/kolisnet)에서 이용하실 수 있습니다.(CIP제어번호: 2016026331)

Printed in KOREA

부산광역시 BUSAN METROPOLITAN CITY

부산문화재단 BUSAN CULTURAL FOUNDATION

※ 이 책은 2016년 한국문화예술위원회, 부산광역시, 부산문화재단 지역문화예술특성화지원사업의 지원금으로 발간되었습니다.